中公新書 2114

ポール・ケネディ著

山口瑞彦訳

世界の運命

激動の現代を読む

中央公論新社刊

まえがき

いつの日か、二〇一一年という年の前半に起きた国際的な事象を調べようとする学生が、もしもいたら、この時期に「ホット」な出来事が凝縮していたことに感心するだろう。チュニジアからエジプト、イエメン、リビア、シリア、ドバイへと、次々に広がっていく、目を見張るような「アラブの覚醒」の衝撃があった。欧州では、経済が崩壊に瀕したギリシャやポルトガル、アイルランドなどを見てたじろぐ、政治指導者たちの姿があった。米国でも政治指導者たちが、恐るべき財政赤字と、それにほとんど打つ手がない無能さ、言い換えれば彼ら自身の無能さに、不満を漏らしていた。西アフリカでは、流血の内戦が限りなく続いていた。そして、これらすべてのドラマは、私がこの序文を綴《つづ》っている最中にも新たな展開を見せていた。

その時、まさに青天の霹靂《へきれき》のように、壊滅的な地震と津波が、日本の北東部の太平洋岸に沿って発生した。二〇一一年三月十一日のことである。

我々は、地球規模の広範な潮流や長期的な国際情勢について、いくら学問的な注意を払っていても、時折、まったく予期しない出来事に見舞われる。それは津波や地震などの自然災害の場合もあれば、いま中東で起きているような、信じられないほど急速な政治的動乱の形をとることもある。好むと好まざるとにかかわらず我々は、経済的、技術的な大変革と同時に、突然の破断が発生する世界に生きている。同時に我々は、悲劇と歓喜が、予想し得る愚行と予想し得ないそれが、入り混じった世界にも生きているのである。

かくして、思いがけずも、これから皆さんが読まれる少々エキセントリックなエッセイ集が出版の運びとなったことは、筆者の私にとって無上の喜びである。そして、収録されたエッセイ全体を眺めると、「架空の話」「歴史」「時事」「未来予測」の四つに大きく分類したら良いのではないか、という気がする。

書いていて一番楽しいのは、たいていの場合、「架空の話」である。いい年をして国際的に少しは名を知られた学者で、いつも重々しく振舞うことを期待されている大学教授が、「なぜ雪国だけに楽しませておくのか」（168ページ）とか「なぜ政治家は少しも黙っていられないのか」（186ページ）などというテーマに関して、ほかのどこで書けるだろう。だが、こうした文章もまた、我々の世界、我々の政治、そして我々の社会はどのように形成されているのかという問題を、知らないうちに問いかけている。

このジャンルに関して、一つだけ別の例を挙げておこう。第二次世界大戦の最後の三年間に、著名な英国の小説家でエッセイの名手ジョージ・オーウェルは、ロンドンの左翼系の新聞『トリビューン』に毎週一回、「私の勝手」というコラムを書き続けた。その多くは、もっぱら文学や文化、社会的に常軌を逸した事柄などについて書いているのだが、そこには、明らかに政治的なメッセージもまた含まれていた。そう、現実の世界と架空の世界は、しばしば区別がつきにくいものなのである。

とは言うものの、最も読みでがあるのは、やはり歴史的な視野に関するものだろう。もちろん最終的な判断は読者にお任せするが、自分で最も内容が濃いと思うのは、「偉大な指導者は歴史を作るのか、時流に乗っただけなのか」(223ページ)である。これは、すべての歴史と政治に通じる核心的な問題である。指導力とは、いったい何なのか。プロイセンのフリードリヒ大王や宰相ビスマルク、フランクリン・ルーズベルト大統領などの、個人に帰せられるべきものなのか。それとも十八世紀英国のウォルポール政権の連合内閣のように、集団的だが決断力のある指導部に帰せられるのか。日本の山県有朋《やまがたありとも》などのような実力者の集まり、いわゆる「元老」もそれにあたるのか。それにしても現在の日本の指導層は、百年前と較べて、なぜこんなに弱体なのだろうか。

時事問題のエッセイは、まさに書いてある通りである。バーニー・マドフ(53ページ)やタリバン(209ページ)、「カール・マルクスとG20」(62ページ)など、二〇〇七年から二〇一一年の間に起きた出来事について書いている。中には、かなり長期の思考に耐えるものがあるかもしれないが、たいていはその時点での文章である。実際、二十年後の歴史書に、ニューヨークの怪しげな金融業者バーニー・マドフの名前が載っているとは思えない。ただ、「米国のソフト・パワーは蘇るのか?」(106ページ)など、ほかのいくつかの文章は、世界の現状について考える際の、参考の糧になるかもしれない。

未来予測のエッセイは、その額面通りに理解していただきたい。つまりそれは、「予測」だということである。アラブ世界には、「未来を予測し、それが的中した者は、利口なのではない。非常に幸運なのである」という偉大なことわざがある。未来の世界に関する私の文章も、まさにそうである。私が調べていて本当に楽しかったものを一つ選ぶとすれば、「領土と力――常に大きいほど良いわけではない」(100ページ)だろう。地球上の人口変動に照らして、この文章はますます的を射ているのではないか、と思っている。

歴史、現在、未来。そして、その間に散在する、筆者の独断に基づく架空の話。実は、これらは別々の存在ではなく、互いに連関しているのである。我々は、過去を知らなければ、現在を理解することができない。未来について考え始めることもできないだろう。そのつもりで、このエッセイ集を読んでいただきたいと思う。

この序文を終えるに当たり、三月の恐るべき大津波が残した惨禍に取り組んでいる日本の方々に、心の底から同情の意をお伝えしたい。私は、日本が必ず復興すると確信している。日本の人たちの強靭《きょうじん》さと決意が、それを可能にするはずである。

私は今年、欧州で最も美しく興味深い場所の一つである、ポルトガルの首都リスボンを再訪することにしている。実は、はるか昔の一七五五年に、リスボンの中心部は凶暴な地震と津波によって壊滅した。そして多くの住民は、世界が終わったように感じたのである。だが、そうではなかった。多大な費用と年月を要したものの、リスボン市民は、破壊された中心部を再建し、以前よりもっと美しい街にしたのである。人類は、偉大なことを行う才能を持っている。日本の友人たちもまた、その同じ偉大さを見せてくれるに違いない。

二〇一一年五月

ポール・ケネディ

世界の運命　目次

III　ああ、アメリカ

I　この世界の戦争と平和

火星と金星——対照的な我々の世界

「超現実的」という言葉の本当の意味を、初めて私が悟ったのは、この夏、イタリアの首都ローマの北方、ウンブリア州にあるのどかな丘陵《きゅうりょう》の町スペッロで、家族とともにバカンスを過ごした時のことだった。

私たちは中世の城壁の内側に滞在し、アッシジやオルビエートなどの名所を訪ねる時以外は、たいてい部屋のバルコニーやカフェのテラスに座って、次の食事の計画を立てることに時間を費やした。教会の鐘がしきりに鳴っていた。男たちは座ってトランプ遊びに興じている。老婦人たちが買い物袋を提げて通りをゆっくり歩いてくる。小さな子供たちは栗の木の下で遊んでいる。スペッロの警察が手持無沙汰《ぶさた》なのは明白だった。そして私たちは、こののんびりした平和な生活に、たちまち溶け込んだのである。

とはいうものの、私は毎朝、新聞の売店で『インタナショナル・ヘラルドトリビューン』

紙を買い、そこらの栗の木の下に座って読んだ。すると、「超現実的」な感覚がたちまち蘇ってきた。バグダッドで爆弾に破壊されたバスや、塀に囲まれたガザ地区の写真。その隣には、北極の氷の下のロシアの動きに関する記事がある。米連邦議会は、膨大な防衛予算を右から左に無批判で承認している。そして、イラクとアフガニスタンでの米軍の戦死者数が、日々じわじわと増える中、この二つの戦争と対テロ戦争において米軍は勝利しているのかどうかが、盛んに論議されている。

もし、私が火星人と一緒にスペッロで数週間を過ごしていたら、これらすべてが同じ惑星上の出来事であることを彼に納得させるのは、非常に難しい作業だったに違いない。だが、これが現実である。そして、まさに私の興味をそそるのは、戦争と平和の問題に関して、北大西洋のあちら側とこちら側は実に対照的だ、ということである。

愛の惑星と戦いの惑星

この顕著な相違を、よくやるように経済や社会構造などの観点から説明することはできない。要するに、ロマノ・プロディ*政権下のイタリアとジョージ・W・ブッシュ政権下の米国の間に、大きな社会経済的落差は存在しないからである。現在の世界には、紛争対立に関して、激しく対照的な二つの態度がある。それを説明するのは、米国の著名な外交評論家ロバ**

ート・ケーガン氏が数年前に論じたような、政治文化と歴史経験の相違なのかもしれない。

ケーガン氏は二〇〇二年夏、「力と弱さ」という論文の中で、こう指摘した。欧州人は戦争に疲れ、単に平和の喜びを享受したいと思っている。これとは対照的に、概して米国人は、世界に邪悪と脅威が存在する限り、たとえそれが遠い戦場であっても、立ち向かう必要があると思っている。この結果、欧州人は武器にほとんど金を使わず、軍事的にほとんど何もできない。逆に米国人は、陸軍、海軍、空軍にたくさんの金をかけ、どんどん戦闘を行う。要するに、欧州人は愛の惑星「金星《ヴィーナス》」の住人で、米国人は戦いの惑星「火星《マーズ》」の住人である、と。

ケーガン論文は、その著者が意図した通りに、大論争を巻き起こした。大西洋の両岸の保守派とリベラル派は、それぞれの様々な思惑から、この論争に馳せ参じた。特に、多くの欧州人が、彼らは軟弱で自堕落になった、という指摘に反発した。そして多くの米国人が、彼らは軍国主義者だ、という指摘を嫌った。かくして、戦争と平和に対する態度の違いを人々に考えさせ、論じさせようとするケーガン氏の目的は、見事に達成されたのである。

欧州は金星で米国は火星だ、という対比には、もちろん多くの例外がある。イラクとアフガニスタンや国連平和維持軍に何千もの兵を送っている英国は、これに怒って当然だろう。そしてポーランド、フランス、ドイツ、イタリアなど、他の多くの欧州連合（EU）諸国も、海軍部隊を含め海外に派兵している。

一方、米国の側でも、中東と南西アジアにおけるブッシュ政権の「前方展開」政策に、数千万の国民が強く反対している。そして、かつて横暴な大英帝国の軍事力に対する反乱の中から誕生した共和国が、いまや世界中の国防費の半分を費やし、もっぱら海外で怪物退治に専念している事実に、困惑しているのである。

それでも共通点は多々ある

かくして、ケーガン氏が言う米国と欧州の違いは、鮮明な黒と白ではなく、様々な色合いの灰色である。しかしながら、ケーガン論文を完全に否定するのは、現実から目を背ける者だけだろう。私自身、彼の言葉は間違いよりも正論の方が多いと見ている。そして、はからずもスペッロでの滞在が、その思いを増幅させたのである。

このイタリアの地は、古代エトルリア時代から二〇世紀に至るまで、二五〇〇年にわたり血腥《なまぐさ》い戦争に明け暮れてきた。スペッロにも戦争記念碑があり、第一次世界大戦の戦死者一〇一人、第二次世界大戦の戦死者三八人、そして一九四四年のパルチザン蜂起《ほうき》の死者六人の名前が刻まれている。疑いもなく、ウンブリア州の人々も、フランスのプロバンス地方やドイツのザクセン州の人々も、自衛のためなら勇敢に戦うだろう。だが、「正義の味方」になって、地球の向こう側で不可能な使命を追求したい、とは思っていないのである。

ケーガン氏は、現に大西洋の両岸に違いが存在するのだから、そのことを指摘されて怒るのは無意味だ、と言っている。たぶんその通りだとしても、ブッシュ以後の時代においても、この落差は拡大し続けるかもしれない。そうした長期的な「漂流」がどこにつながるのか、心配しないわけにはいかない。

欧州人は内部統合に集中し、米国人は自分の力だけに頼るのもいいかもしれない。ただしそれは、この惑星上の住民は彼らだけで、世界に第三者は誰もいない場合である。実際問題として欧州と米国に住んでいるのは、全人類の五分の一足らずである。しかも彼らは、冷笑的なロシアや、急速に台頭するインドと中国、赤貧のアフリカ、悩み多い中南米、きわめて発火しやすく危険な中東、核保有にあこがれる国々、そして破壊至上主義のテロ組織などと一緒に、この地球を分かち合わなければならない。

私はスペッロを去る時、この穏やかな生活に愛着を覚えていた。それと同時に、対テロ戦争が強迫観念になっている米国に戻り、いつどうやってイラクから手を引くかに関する、混乱した国内論議の怒号に身をさらすことに、いくぶんか不安も感じていた。

ただし、ウンブリア流にあこがれたからといって、私の認識の目が曇ったわけではない。平和を愛する諸国民にとって重大な挑戦が、現に存在する。その脅威を無視すれば、我々が滅びるだけである。私は、ホワイトハウスと連邦議会が軍事力行使にとらわれていることを嫌悪している。だが、将来に絶望はしていない。もっと政治と外交を重視し、より良い大戦略を西側諸国に提示し、ひいてはケーガン氏が注意を喚起してくれた「火星対金星」の落差を縮小させるような外交政策の出現する日が、絶対に来ないとは思っていない。

ケーガン氏の基本的論点を否定するのは無意味である。だが、それを変えられない事実として受け取り、大西洋両岸の関係を、漂流するままに放置するのは賢明ではない。私の見る限り、とりわけ国際的に重大な先行き不安が伴うこの時代に、宗教的な意味合いを抜きにした活発な米欧同盟を維持することの必要性を、両岸の政策立案者と世論形成者たちは強く実感しているのである。

確かに、政治の面でも生活の面でも、スペッロに住む人々と、たとえばノースカロライナ州フォート・ブラッグ陸軍基地の周辺住民との間には、はっきりと目に見える違いがある。だが、それでもなお、数え切れないほど共通点を持っている。そうした美点から目をそらす必要があるだろうか？

二〇〇七年八月発表

＊中道左派の政治家。二度のイタリア首相職のほか、欧州委員会委員長も務めた。

＊＊ネオコンの論客。邦訳に『ネオコンの論理』（光文社）など。

石油と食糧の交換取引に新たな展開も？

世界の歴史の中で、「まったくの偶然の一致」は、どれくらい大きな役割を演じてきたのだろう。これは、私が常に興味を抱いている大問題である。

一つだけ例を挙げよう。一八世紀の中葉までに、大英帝国は世界最大の造船産業を持つようになった。だが、それらの造船所が、何千隻とは言わないまでも、毎年数百隻の帆船《はんせん》を進水させていた時、英国の一部の発明家は、莫大《ばくだい》なエネルギーを間違いなく生み出す、蒸気機関という魔術を創り上げていた。そしてもちろん、蒸気機関を船に装備することによって、蒸気船が帆船に取って代わったのである。

そのころ、世界中で最も熱効率が高い石炭は、どこにあったのか。それは、英サウス・ウェールズ地方の、特殊な瀝青炭《れきせいたん》だった。造船業、蒸気機関、そして石炭が、大英帝国をさらに一五〇年間にわたって前進させたのである。これは、この国と国民にとって、何とも素敵な偶然の一致だった。

そして、いままさに我々は、長期的な意味で地球規模の新たな偶然の一致を目にしているのかもしれない。ただしそれは、並行して複数発生している地政学的な傾向という、これまでとは非常に形の異なるものである。そして、誰もが勝者となった蒸気機関とは異なり、むしろそれは勝者と敗者を生み出す方向に傾いている。

石油と食糧の新たな連関

私が言いたいのは、二一世紀の国際システムにおける、石油ないしエネルギーと食糧との間の、相互連関の進化である。

第一に、いまや世界の石油価格は、一〇年か二〇年前に比べて、大きく高値に向かっている。これはおそらく将来も続くだろう。その理由はよく知られている。アジアの大きな国々、特に中国とインドのエネルギー需要の、巨大な高まりがある。これに加えて、米国や日本、欧州などの富裕な国々が、消費水準をほんの少ししか下げられない、という現状がある。

これに関連して、二〇〇七年十二月九日付の『ニューヨーク・タイムズ』紙に、興味深い記事が掲載されていた。この傾向は、石油輸出諸国における湯水のようなガソリン消費の増大によって悪化している、というのである。石油の海の上に暮らしているのだから、それを享受しない手はない、ということだろうか。

実際、サウジアラビアとイランの現在のガソリン価格は、一ガロン当たり約三〇セントから五〇セントである。ベネズエラに至っては、七セントという途方もない値段である。唯一の問題は、これらの諸国が資産をあまりにも急速に浪費し、そう遠くない将来、石油を輸入する必要に迫られかねないことである。そうなれば破局が待っている。多くのエネルギー専門家によれば、これはすでにインドネシアで起きつつある。今後一〇年のうちに、メキシコでも起きるかもしれない。そして困ったことに、痛手を受けるのは当人だけではない。

石油価格が高騰すれば、もちろん、人々は代替エネルギー源に向かう。現在、最も好まれているのはエタノールである。ブラジルでは主としてサトウキビから、また、米国では主としてトウモロコシから生産されている。米国中西部の耕地がますますトウモロコシに転換すれば、たとえば大豆など、何かそれ以外の作物の収穫が減らされることになる。

だが、大豆の需要もまた地球規模で急上昇している。これもまた、主としてアジアでの消費の拡大が原因である。中国の何千万頭もの豚は、恐るべき年間量の大豆飼料をむさぼっている。そして大豆価格の急上昇は、アイオワ州などの農民の収入を押し上げる。これらの農民たちは、米大統領選挙の候補者たちよりも、はるかに強いグローバル化支持者になるのではないだろうか。十二月八日付の『フィナンシャル・タイムズ』紙のコラム欄「長期的視点」で、ジョン・オーサーズ記者は、そう書いている。

今年の大豆価格は昨年の八割増しと予測されているが、こうした価格高騰は必然的に続くのだろうか。誰も正確なことは言えない。だが、世界の人口は全体的に増加し、近年、二〇億以上の人々の実質所得が上昇している。したがって、世界的なタンパク質の需要が高まり続けるのは確かだろう。牛肉、豚肉、鶏肉、魚肉の需要が増えれば、当然、飼料穀物の需要も増える。

米国と中国への地政学的影響

こうした懸念に追い打ちをかけるかのように、英国の高級誌『エコノミスト』は最新号で、「安い食糧の終わり」という実に印象的で恐ろしげな特集を組み、この問題を詳細に論じている。同誌は、一八四五年を起点にして独自に作成した「食糧価格指数」を掲載している。

この年、英国では、輸入穀物に関税をかけた悪名高い「穀物法」の廃止論議が高まっていた。そして現在の指数は、過去一六二年間の、どの時期よりも高い。つまり、世界の都市貧民にとって先行きは実に暗い。だが農民にとっては、経済的恩恵が期待できる。

これは諸大国にとって、特に米国と中国にとって、どのような地政学的意味を持つのだろうか。中国にとって、こうした傾向は本当に深刻である。もし中国指導層が、ますます欲求を高める一四億人の消費者の需要に応えようとするなら、その中華帝国の外部に、もっと資源を求める必要がある。そうなれば、石油、ガス、食糧、木材、鉄鋼、亜鉛、銅などの商品価格は、世界的に高止まりするだろう。

こうした海外依存の増加が、中国の外交政策にどう影響するのかは、興味深い見ものである。ますます世界的な責務を分担するようになるのだろうか。様子見やただ乗りを止めて、もっと世界の安定を求める国になるのだろうか。それとも、過去の世紀の新興諸国と同じように、自己防衛のためには主として腕力に頼るしかない、と思うようになるのだろうか。少なくとも、これから先、中国の海軍拡張の勢いが弱まることは期待できない。そして艦艇が増えれば、守られる貨物船も増えるだろう。

米国はどうだろう。指摘すべきは、私が最初に言及した「勝者と敗者」のシナリオである。高い石油価格の継続は、米国にとって、戦略的にも経済的にも良いことではない。いまや供給をあまりにも海外に依存しているからである。それは国際収支を損ない、ドル価値を脅かす。そして米国は、本物の脅威にせよ単なる想像上の脅威にせよ、パイプラインや海上供給路が故障する可能性にビクつくことになる。確かに、石油以外の産物に関しても懸念を指摘することができる。だが、私の想定によれば、米国が外部勢力に依存している、唯一最大の弱点は石油である。

これに対して、世界的な食糧価格の高まりとともに、農業生産も実質的に強まる傾向を見せている。過去数十年間にわたり食糧があまっていた時代に、米国では膨大な広さの農地が開墾《かいこん》されたが、耕作には使われなかった。その農地の多くを本来の形に戻して、トウモロコシや小麦、大豆を作ることができる。高価な牛や豚の生産さえも可能である。複雑で急速に変化する、どこか狂ったような現在の世界において、米国は、石油依存によって傷つくと同時に、地球規模の穀倉地帯という自然の恵みによって、国際的な優位を獲得しつつある。

石油と食糧の交換というアイデアは、数年前に批判を呼んだ国連の対イラク「石油食糧交換計画」を通じて、世界がよく知るところとなった。だが、石油と食糧という、まさに人間生活に必須な二つの産物の関係は、それよりはるかに広範かつ永続的で、実に興味深い側面を持っている。

おそらく、世界中の数億人の貧困層を別にすれば、我々の大半は、パンとガソリンの二者択一に直面しているわけではない。だが、これから何十年かすれば、この地球上の国々は、穀物や清浄な水、石油などの基本物資を、ますます有難がるようになるだろう。これらを全部持っていれば問題はない。だが、資源に乏しい国々は、暗い未来に直面するだろう。そして興味深いのは、米国のように、強みと弱みを兼ね備えている国々のこれからである。

二〇〇七年十二月発表

傘の下に隠れているのは誰だ

帝国と傘の下の国々の不均衡

「アンブレラ」という英単語は、頭の痛い言葉の一つだ。正しく翻訳されていない上、意味するものの範囲が広がる一方だからである。

もちろん、当初の意味は、雨を避けるための傘である。だが、この言葉は、日常生活や政治や、遠大な戦略をも含めて、広範な分野で便利に使われるようになった。一般的には、あるグループを残酷な世間の魔手から隔離する手段や、様々なものを一つの屋根の下に集めることを意味する。たとえば「アンブレラ保険」は、家や財産や車などを一つにまとめた保険のことである。

だが、なんといってもこの言葉は、国際政治の分野で広く使われている。冷戦史を学ぶ学生は、ソ連の攻撃を抑止するため、米国が北大西洋条約機構（NATO）諸国と日本の上に

「戦略的な傘」をかけ、これらの国々の独立がソ連に脅かされた時は戦う、と宣言したことを真っ先に習うだろう。

これをもっと具体的に言うと、ソ連が西欧に向けてミサイル発射する動きを見せれば、米政府がソ連に対して、攻撃して報復するぞ、と警告することを意味する。さらに言えば、この背景には、レーガン大統領と何人かの後継大統領が促進した技術開発があった。それは、核の均衡がもたらす「相互確証破壊（MAD）」を脱し、北米の上と、その延長として同盟諸国の上に、弾道弾迎撃ミサイル（ABM）の盾をかぶせようとするものだった。

ただし、MADとABMの是非は、本稿の目的ではない。焦点は、戦略的な傘の「提供者」と、その下で守られる諸国との間の複雑な関係である。

たとえば、米国の議会やメディアは過去数十年にわたり、欧州と日本の同盟諸国が自らの安全保障の大半を米国に負わせて経済的な利益を得ている、と不満を述べてきた。レーガン時代、米国は国内総生産（GDP）の約六%を防衛に費やしたが、欧州諸国は概して二〜三%、日本はたったの一%だった。全体の防衛のために、米国の納税者は大きすぎる重荷を担った。そして米国が赤字を重ねる間に、その傘に守られている諸国は、もっと社会整備や消費に金を使うか、ないしは貯蓄に回した、というのである。

この「ただ乗り」論は、一見したところ、実に正当に思われる。だが、覇権主義的な帝国は、その戦略的な傘の下に集う国々よりも重荷を背負い、より大きなコストを支払うのが普通である。実際、二世紀のローマ帝国の遠隔地にいた裕福な農民たちは、大きな直接コストを負担することなく、「パクス・ロマーナ」の安全を享受したのである。

「ただ乗り組」増長、細る支柱

だがローマ人自身も、永続的な平和と安定した通商という「国際公共財」を提供する中で、海外領土の富の増大と、流入する穀物やオリーブ、スズ、材木その他から恩恵を得た。どこか田舎の農民たちが肥え太っているからといって、ローマ人が「ナンバーワン」の地位を放棄することはなかったのである。

それから、「第二のローマ帝国」の例もある。「パクス・ブリタニカ」時代の世界システムである。米国の内向きな歴史家たちは認めないかもしれないが、一九世紀における米国の驚くべき台頭を説明するうえで、唯一最大の要因は、おそらく英国である。

この世紀の大半を通じて、英国海軍は、大陸の欧州諸国が西半球に進出する可能性をことごとく阻止し、米国が極端に少ない防衛支出を続けられるようにした。そして英国の投資家たちは、米国の都市や鉄道、保険会社、農業の発展のために、何百万ポンドも注ぎ込んだ。しかも英国は、自国製品の輸出関税をどんどん高くしたものの、自由貿易を決して放棄しなかった。英国は、米国の食料品や天然資源、工業製品にとって、最大の開かれた市場を提供したのである。

巣立ったばかりの米国は、かくして、自分の足で立てるようになるまで、英国の傘の下で大きくなったのである。

いま米国は、かつてのローマや英国のように、「国際公共財」の提供者である。だが、その「公共財」のあまりにも多くを、「ただ乗り」諸国がぶんどってしまうようになったらどうなるのか。あるいは、おそらくこの方が重要だが、「ナンバーワン国」の市民たちが「ただ乗り」諸国に利用されすぎていると考え始め、傘の保有者と、その下に隠れている者との間の合意が崩れたら、何が起きるだろう。

この問題は、今後、ますます頻繁に問われることになるだろう。実際、いくつかの論議の場では、いわゆる国家ファンドの巨大な余剰資金や、石油・ガスなど天然資源価格の高騰、かつて偉大だった米国の銀行の弱体化、ドルの豊富なアジアや中東の企業による米国資産の買収などが持つ大きな意味合いを理解しようと努める中で、すでにこの疑問が浮上している。

近年の米国は、莫大な金銭と血とエネルギーを、二度にわたるイラク戦争に費やした。どちらの場合も、米政府には、戦争をするしかるべき理由があった。だが、主な恩恵を受けたのは、明らかにサウジアラビアなどのアラブ同盟諸国と湾岸諸国であり、中東からの安定的な石油供給に米国以上に依存している、東アジアや欧州だったのである。

しかも、米軍がどれほど戦っても、石油とガスの価格高騰を防ぐことはできなかった。それは、石油に依存する米国を直撃し、どこかの「ただ乗り」連中に巨額の儲《もう》けをもたらした。米国が経済的な打撃を受け、米政府が、覇権的な「傘戦略」を維持するための記録的な防衛予算にこだわる中で、諸外国の投資会社は、米国の企業、特に銀行を、着実に買収しつつある。

これらのことがらの総合的な帰結は、米国の経済的影響力の低下である。それは大きな意味で、地球規模の経済的均衡の変化に、そして長期的には、地球規模の政治的均衡の変化につながる。要するに我々は、一九四五年以来機能し続けてきた、米国主導の国際的な「戦略の傘」システムが消耗する様を、目撃しているのかもしれない。

このシステムは、七〇年代の初めにも、金本位制の危機によって痛撃を受けた。そして、過去二〇年間の地球規模の好景気によって回復に向かったが、いま、再び緊張にさらされている。米国の次期政権が気の利いた予算・税制政策を採れば、あと数十年にわたり、戦略の傘を真っすぐに保つことができるだろう。あるいは、それでも無理かもしれない。

この問題は、単に米国の政治家たちだけのものではない。大局的に見れば、「ただ乗り」の者も含めて、我々全員が国際的な公共財の供給に依存している。もし、その供給サービスを保証している国が苦難に向かっているとすれば、この狭い惑星のどこに住んでいようと、おそらくは残り全員が同じ運命なのである。

二〇〇八年一月発表

驚異的な新兵器？　飛びつく前に考えよう

いまから一世紀近く昔のことである。第一次世界大戦が勃発する前の年、行動的な英海軍長官ジャッキー・フィッシャー提督は、最新式の水中兵器、つまり潜水艦にほれこみ、大規模な開発と建造を推進した。提督は、その数年前に、同じくらい熱心に戦艦建造に肩入れしたのを忘れ、いまや、それよりもっと小型の驚異的兵器に目移りしてしまったのである。

何よりも気に入ったのは、潜水艦がドイツ帝国の外洋艦隊を抑えてくれそうなことである。提督は力説した。潜水艦という目に見えない肉食獣に破壊されることを恐れ、ドイツの甲鉄艦は港にこもってしまうだろう。そうなれば、大英帝国は海洋を支配し続けることができる。

提督が手紙を送った人々の中に、元首相のアーサー・バルフォア卿がいた。防衛問題に造《ぞう》詣《けい》が深いバルフォア卿は、さほど感心しなかった。英海軍の潜水艦がドイツの港の外で何をできるかよりも、ドイツの潜水艦が、英国の港や世界規模での英国の安全保障に対して何ができるかに焦点をあてるべきだ、というのが卿の意見だった。この新兵器は、我が国の兵器庫を見事に増強するかもしれない。だが、それよりもっと大きな優位を敵の海軍にもたらすことになったら、いったいどうするのか？

バルフォア卿の予測は当たっていた。我々は二つの世界大戦の歴史から、ドイツ潜水艦「Uボート」が、英国と連合軍の海路に対する唯一最大の脅威となり、連合軍が一九一七年と一九四三年の二度にわたって、「大西洋の戦い」で敗北する可能性を危惧《きぐ》したことを知っている。

比類なき二つの兵器システム

このフィッシャー提督とバルフォア卿の論争を私が思い出したのは、インターネットの科学技術ニュースサイト「ライブサイエンス・コム」*で、「(米国の) 海軍が信じられないようなSF兵器を試験」という見出しの記事を目にした時のことだった。その中身を読む前から、私は憂鬱《ゆううつ》になった。そして読み終わると、さらに気が重くなったのである。

問題の新兵器は、高速電磁レール砲である。この大砲は、堅い金属の砲弾を音速の七倍の速さで撃ち出し、距離約三七〇キロメートルまで飛ばすことができる。砲弾は目標に当たっても爆発せずに貫通し、甚大な被害を与える。ならず者国家にとっては、要注意である。

そして、この新兵器に関する米海軍の説明は、まさにフィッシャー提督ばりだった。「私は、水兵や海兵隊員たちが、相手と五分五分の戦いをすることなど絶対に見たくない。常に彼らを優位に立たせておきたい」「我々は決して見失うことなく、常に次の大物に目を向け、戦場で効果的な優れた能力を、常に、他の誰よりも持たなければならない」と、米海軍作戦部長のゲイリー・ラフヘッド提督は述べている。

だが、そこが問題である。もし万が一、米国が発表した新兵器を、他の誰かもまた戦場に持ち込めるとしたら、どうなるのか？

目下のところ米海軍は、比類のない二つの兵器システムを保有している。他の諸国は、少なくとも今後一〇年間以上、それにほとんど太刀打ちできない。いや、この状態は今世紀末ごろまで続くかもしれない。

その一つは「ニミッツ号」などの、巨大な原子力航空母艦である。これらは単に巨体で搭載機数が多いだけでなく、その建造には一連の驚くべきハイテク技術が求められる。そして艦を機能させるためには、精密科学を用いた多層的なシステムが必要になる。これらを供給できる産業・兵站《へいたん》システムを新興の世界大国が創り上げるには、おそらく二五年くらいかかるだろう。その間に米国は、さらに先を行っていることだろう。

二つ目の兵器システムは、海軍が持つ攻撃型原潜と弾道ミサイル原潜の艦隊である。これらを機能させるためにもまた、驚くほど多様な支援産業と技術が求められる。

一方、たとえば中国やインド、イラン、ロシアなど諸外国の海軍は、外洋はともかく、せめて自分の領海内だけでも米国の海洋支配から脱したいと思って、いろいろ策を練っている。各国はそれぞれ、次の世代に空母艦隊を持つための青写真を作っているのかもしれない。だが、目下のところ彼らは、米国の地球規模の展開に対抗するため、いわゆる「非対称兵器」に力を入れている。その中には、レーダー探知できない「ステルス」塗装を施した超静穏ディーゼル潜水艦や、海岸に配備し、沖合の米艦隊のレーダー網の下をくぐって海面スレスレを飛ぶミサイルなどが含まれている。これらに対して、米国防総省「ペンタゴン」は、すでにきわめて神経質になっている。

頂点に留まるためには

それにしても、私が最初に挙げたハイテク兵器の話は本当だろうか。なにしろハイテク兵器開発の世界は、市民の目から隠された部分があまりにも多いからである。だが、もし本当なら、いや少しでも当たっているのなら、このビデオゲームみたいな新兵器にのめり込む前に、ペンタゴンはもう少し考えた方が良いだろう。

確かに、もし米国だけが保有し、他の誰も持っていないのなら、将来の地域紛争で米軍に有利になる事柄が、あれこれ想像できる。ペルシャ湾のどこかに「信じられないようなSF兵器」を配備すれば、イラン軍司令官たちを本当に威嚇することができる。その砲弾によって、自分たちの地下壕の扉や核施設の厚さ四・五メートルのコンクリート壁が撃ち破られるのを見たい者は、誰もいないからである。

だが、古いことわざにあるように、雌のガチョウ料理にかけるソースは、雄のガチョウ料理にも使える。つまり、この驚異の新兵器が最初は米国に恩恵をもたらしたとしても、たちまち他の誰かが持つようになる可能性は、ないのだろうか？

先に述べた中国など四ヵ国は、それぞれ膨大な数の科学者や技術者、研究所、老練な防衛担当官などと同時に、大きな資力を持っている。この電磁レール砲とその金属製砲弾の特徴が、私が述べたもの以上ではないとすれば、かなり短期間のうちに、どこか他国の防衛産業が試験し製造する可能性がある。これは決して想像に難くない。少なくとも、原子力空母艦隊を創設するより、ずっと早いのは確かである。

しかも、これら四ヵ国に加えて、おそらくそれ以外の諸国も、飛距離三七〇キロメートルの砲弾が空母を右から左に撃ち抜くレール砲を開発、ないしは購入したらどうなるのか。将来の軍事的対決におけるホワイトハウスの選択肢は、きわめて限定されるだろう。

目下の米国は、世界史の中でも非常に特殊な時間を享受している。何か条件を押しつけられることはほとんどない。ブッシュ政権は自らの政策のせいで、世界中の多くの場所で不人気になっている。米国の経済的な重みは、五〇年前に遠く及ばない。だが、純然たる「ハード」な軍事力に関する限り、単に中国やロシアとの比較だけでなく、すべての歴史を通じて比類がないのである。

好むと好まざるとにかかわらず、今日の米国の基本的な強さは、「ソフト・パワー」ではなく「ハード・パワー」にある。そして、新保守主義派「ネオコン」を除けば、米国民の大半はこれを好んでいないのだが、米国は思想的な吸引力や文化的魅力ではなく、圧倒的な軍事的優位を通じて純粋に他国を抑止する能力、誰であろうと叩き潰せる力に依拠しているのである。近年の米国は、ますますアジアの岸辺に近い距離で戦略的な展開を推し進めることによって、その力を誇示している。だが、こうした歴史的時間は、終わりを迎えようとしているのかもしれない。

ここから我々は、一世紀前にひっそりと交わされた、フィッシャー提督とバルフォア卿の興味深い意見交換の話に立ち戻る。当時の大英帝国海軍は外洋艦隊として大きく先行し、戦艦の能力では、間違いなくさらに先を行っていた。したがって、そうした伝統的な海軍戦力の秩序を混乱させるような新兵器など、まったく必要ではなかった。だが、まさにそれが潜水艦だったのである。

これは、ラフヘッド提督の電磁レール砲も、潜水艦のように革命的な重要性を持っている、という意味ではない。おそらくレール砲は、よくある奇策の一例として、間もなく歴史の屑《くず》籠《かご》に投げ込まれるだろう。それでもなお、依然として大きな問いが残る。もし誰かが頂点にいて、そこに留まりたいと思うのなら、重大な責任を忘れてはならない。それは、新しい武器の提案を含め、あらゆる変更案を非常に注意深く取り扱うことである。

なぜなら、最初は有利をもたらすものが、数年後には自分に刃を向けるかもしれない。驚異の兵器は、たとえば証券市場での驚異的な金融商品と同じように、後輩たちが深く後悔するような結果を生み出すかもしれない。そう、すべては「買い手責任」なのである。

二〇〇八年二月発表

＊ http://www.livescience.com/

統合と瓦解——この不可思議な世界の未来

地球はつながっている。だが……

過去一年にわたって、災害支援と開発援助の関係者グループが、戦争で荒廃したコンゴ東部で学校建設を行ってきた。この計画の責任者の一人が、たまたま私の長男のジム・ケネディだった。このため我が家には、建設途中の学校や、楽しそうに指人形を習っている少年グループなど、物事が改善に向かって進んでいることを示すデジタル写真が流れ込んできたのである。

私はこれらを眺めて、しきりにうなずいた。この地球はお互いにつながっているのだと、うれしくなったのである。ここには、ノルウェーの援助機関が資金を出し、ベルギーと中国とオランダと英国の大学で勉強した四十歳の英国人が指揮をとる支援事業がある。それはきわめて重要な人道的活動を行い、インターネットを通じて、何千キロも離れた本部、つまり我が家に、報告を送ってくる。現地では、パキスタン陸軍の国連平和維持軍に守られて移動している。そしてこのすべてが、西欧植民地主義の暗部を描いたジョゼフ・コンラッドの小説『闇の奥』の舞台となった、ゴマの町で展開されている。世界は一〇〇年前に比べて、本当に良い方に変わったように見える。

だが、悪いニュースもある。数ヵ月前、学校建設計画を維持することが、いくぶんか難しくなった。一〇万人近いルワンダ難民が、どっと国境を越えてきたのである。人々が恐れたのは、進撃してくる政府軍部隊である。つまり、かつて大虐殺を招いたフツ族とツチ族の対立は、いまも続いている。

それからほんの一週間後、開発支援チームと現地の建設作業員たちは、コンゴの政府軍と反政府軍との間の激しい十字砲火にさらされた。彼らは六時間にわたって床に身を伏せた後、国連平和維持軍に無事救出された。そして比較的安全なゴマまで、トラックの車列を組んで、へとへとに疲れながら撤退したのである。

これらの国際支援関係者は幸運だった。ちょうど同じころにアフガニスタンでは、自由で公正な選挙を妨害するため、タリバンが国連の選挙監視員五人を意図的に襲撃して殺害したのである。それより数週間前の十月初めにはイスラマバードで、世界食糧計画の職員五人が自爆攻撃で殺されている。最前線にいる国際市民機関の勇敢な職員たちが、混乱と憎悪をもたらす勢力の意図的な攻撃にさらされている。思い出すのは、スコットランド生まれの作家ジョン・バッカン*の醒《さ》めた言葉である。「文明の薄い殻の下で、原始の声がつぶやく」。そうした声は、罵声《ばせい》の場合もある。

地球上では、すべての良識ある観察者が思い悩むようなことが、至るところで起きている。一方では、カナダから中国、オーストラリアからブラジルに至るまで、進歩と高まる繁栄の兆候が見られる。素晴らしい新技術がある。資本、目に見える商品、目に見えないサービス、観光客、学生、知識の交換などの形で、国際交流が高まっている。だが他方には、破壊的な傾向を示す多くの指標がある。環境破壊、金融不安、通貨変動、内戦とそれを煽《あお》る小火器の売買、破綻《はたん》国家、歴史的な領土や国境をめぐる係争、人権侵害、肩を怒らせた利己的な民族主義の誇示がある。これらは美しい光景ではない。

一九三〇年代の逆説

地球規模の統合と、野蛮な瓦解《がかい》が、同時に起きている。この困惑すべき現象を、どう説明すればいいのだろうか。こうした逆説が現れたのは、いまが初めてではない。かつて、大恐慌が始まったが、まだファシズムがはびこる前にあたる一九三〇年十月に、ロンドンで発行される『エコノミスト』誌は、世界経済と国家政治が互いに足を引っ張り始めていることに関して、次のような深い憂慮を表明した。

「経済の側面で世界は、単一の、すべてを包含する行動単位として組織されてきている。政治の側面では、依然として六〇か七〇の主権民族国家に分けられているだけでなく、民族の単位はますます小さくなり、より多数になり、民族意識はますます鋭敏になっている。この正反対の二つの傾向の間の緊張が、人類の社会生活に対して、一連の動揺と雑音と衝撃を生み出しているのである」

『エコノミスト』誌の記述は、完全に正確というわけではない。たとえば、当時のソ連は、「単一のすべてを包含する世界経済」の一部とは見なされていなかった。しかしながら、全体として記者の言わんとすることは当たっていた。銀行家、投資家、輸出業者、海路、新たに生まれた空路、そして有線通信などが、社会を緊密に結びつけ、一九四三年にベストセラーとなった米政治家ウェンデル・ウィルキー**の著書のタイトルと同じく、「一つの世界」に向かっているように見えたのである。

だが政治の世界は、国境紛争、人種や宗教の対立、大国の策謀、分離独立運動、反西欧暴動、さらには植民地主義的な弾圧などによって、はるかに大きく破断されていた。米国のスムート・ホーリー法による関税引き上げ、日本の満州侵攻、ロンドン世界経済会議の失敗、そしてナチの政権掌握と、『エコノミスト』誌の予測はどんどん当たっていくように見えた。

地球規模の経済危機が民主主義を脅かし、民族主義的な感情を煽っていた。そして戦争と、国内での弾圧や激しい政争の高まりが、政治的な分断をさらに悪化させ、協調的な通商の回復がもたらされるようなすべての機会を、損なってしまったのである。

技術の進歩、金融の混乱

では、現在はどうだろう。二〇一〇年に入ろうとする地球の経済と政治の現状を知るため、火星から視察団が訪れたとしたら、我々はどう報告するのか。現代のあらゆる逆説をそのまま説明したら、火星人たちは困惑して、地球の将来は、あちらこちら出鱈目《でたらめ》な方向に進もうとしているらしい、と思うだろう。

たとえば技術の面では、ひたすら進歩に向かう大行列が続くだろう。その速度は、伝統的なラクダの隊列に比べるなら、自動車どころか磁気浮上式列車のスピードになるだろう。新型の携帯電話や通信速度の向上、医療技術の突破口、映像技術の驚くべき進歩、抽出技術、海洋学、環境科学、等々、何らかの大発表が行われない日はない。『ニューヨーク・タイムズ』紙の科学欄を読んだり、『サイエンティフィック・アメリカン』や『スミソニアン・マガジン』などの科学雑誌を定期購読したりしているような、平均的な科学知識の者でも、知識の新たな辺境が開拓されつつあり、人類の統合能力には目に見える限界などない、という印象を持たざるを得ないだろう。たとえばガソリンに依存する内燃機関などの、昨日までの問題が、おそらく明日には、エタノールやその他の代替エネルギーによって解決されるだろう。

だが、金融や通商、税や支出などの金勘定にシビアな世界を眺めると、場面ははるかに混乱している。実際、ここには多くの「動揺と雑音」がある。それは、過去一年半に起きた市場と銀行と企業の破綻が如実に示すとおりである。しかも現在の経済的波乱の原因は、一つだけではない。

あたかも高貴な帆船「グローバル経済号」が、激しい嵐に突入し、あらゆる方向から押し寄せる波と風に打ちひしがれ、レーマン、ノーザン・ロック、ＡＩＧなど、平時には大いに役立った船具の大半を破壊されながらも、何とか浮かんでいるようなものである。何人かの新しい操舵手が舵を操っている。東の空の雲には光が差し始めている。だが、経験豊富な気象観測士と船員たちは、台風の目の中はかなり穏やかだが、実際にはそれを取り囲んで旋風が荒れ狂っていることを知っている。

その激しい波のうねりの一つ、貿易収支の不均衡だけをとっても、危険なまでに傾斜しているように見える。国際通貨基金（ＩＭＦ）は、過去数年にわたり「危険信号」を伴う報告書を発表している。だが、ブレトンウッズ体制を所有し支配する主要諸国は、その警告を十分真剣には捉えていないように見える。確かに、彼らは「G20」会議に集まって、口当たりの良い宣言を出すだろう。米国は財政赤字を削減する。中国は国内の経済刺激策を強化する。通貨投機を減らすための措置を促進する、等々。だが、米連邦議会もホワイトハウスも、大増税による耐乏生活や、お気に入りの政策の予算大削減などを、有権者に提案する気など毛頭ない。そのことは、誰でも知っている。

また、確かに中国は、住宅や発電所、港湾や鉄道、そしてもちろん、開花しつつある軍事力などに、もっと多くの金を注ぎ込むだろう。だが、その結果として中国は、輸出で稼いだ何千億ものドル準備を人民元に換え、米ドルの価値をさらに下げてしまうだろう。目下の我々は、地球規模の通貨危機から、さほど遠くないのかもしれない。

投機家たちはもちろんのこと、アジア諸国と政府投資ファンドは、最近インドが行ったように、ドルを売って純金を買うかどうか、その決定の瀬戸際で揺れている。世界中のほとんどすべての高級紙の社説や解説が、この可能性を取り沙汰し、事態の流動化に拍車をかけている。先に挙げたジョン・バッカンの言葉も、少し修正した方が良いかもしれない。「文明の薄い殻の上で、自己修正する自由市場システムがきしみ、トンビやハゲタカがキーキー鳴いている」と。

我々は、ここに留まらなければならない

それでは、政治の世界はどうだろう。火星からの訪問者に、我々の現状を説明するのは大仕事である。一九二の独立国家があって、そのいくつかは解体しかけている。どうしてこうなったのか。奇妙な歴史的理由によって、この惑星上の六五億の人類は、自分たちを、馬鹿馬鹿しいほど多数の独立国に分けてしまったのである。

大きな国も小さな国も、富める国も貧しい国も、平和な国も戦争に引き裂かれた国も、みなそれぞれに、国旗や国章、国歌、軍隊、税関、移民局やその他を誇示している。これらすべての国が、空の鳥や草を食《は》む動物のように自然と調和して暮らしていれば、あるいはこの状態にも耐えられるかもしれない。だが、我々はそうではない。コンゴ東部とルワンダの国境地帯でいま繰り広げられている戦いを含め、目下、国連平和維持軍が対処を試みている場所は二〇前後にのぼる。しかもその中には、火が燃え広がるイラク・イラン・アフガニスタン・パキスタン・カシミール地方の五軒長屋は含まれていない。

しかも我々は、「諸国家の興隆と没落」という古代からの挑戦を、依然として経験している。一つの大国が、一戦交えることなしに第二列に落ちることは滅多にない。また、新興国が暴力抜きでトップに立つことは滅多にない。実は、最近の米国の海空軍計画担当者の多くは、あまりアフガニスタンに関心を向けていない。念頭にあるのは中国だからである。そし

て、中国の海軍計画担当者の多くは、米軍を東アジアから締め出すための「海洋拒否」戦略に知恵を絞っている。

ここまで聞けば、火星人たちは故郷に帰りたくなるに違いない。地球は、知的な生命体が留まるべき理性的な場所ではない。ますます進化するブラックベリーなどの携帯電話には、もってこいの場所だろう。だが、線路沿いに生える本当のブラックベリーの果実にとっては、そうでもあるまい。そして、支配的なホモサピエンスという種の過半数にとっては、やや経済的に不幸な場所である。ましてや世界中に多数存在する、コンゴのゴマのような場所にいる者にとっては、最悪である。

だが、火星人と違って我々は、ここに留まらなければならない。そして、この混乱と即席料理ばかりの政治的、経済的、技術的な環境の中で、多少とも献身的な政治指導者や国際文民官僚、銀行家、世論形成者たちは、物事を良くしようと努めている。あるいは少なくとも、悪い事態がもっと悪くならないようにしようとしている。

過去数十年の間に、この惑星上では多くの進歩があった。そして未来には、もっと多くの進歩が待ち受けている。だが、多くの嵐や高波や岩礁もまた行く手にある。「グローバル号」を沈没させず、前に向かって帆走できるようにしなければならない。だからこそ我々は、いかに欠点が多く、いかに人間臭いものであろうと、我々の国家政府や国際機関を、繰り返しあてにせざるを得ない。しかしながら、その航海は楽ではない。誰もが、そう覚悟するべきである。

二〇〇九年十二月発表

＊二〇世紀前半に推理小説や冒険小説の分野で活躍。実業界や政界でも活動した。
＊＊二〇世紀前半の政治家。一九四〇年の米大統領選では共和党候補に選ばれたが、民主党のフランクリン・ルーズベルトに敗れた。

国家戦略文書は、いつ国家戦略と別物になったのか

安全保障戦略を公表すべきか

どこかの国の政府が、特に、常に世界の関心の的である米国のような国の政府が、国防上の優先事項と全体的な世界戦略を説明したとされる、政治的な「公文書」を発表することには、どんな意味があるのだろうか。自国の関心事と将来計画を、敵を含め誰にでも教えることに、どんな意義があるのだろうか。ただし初めに断っておくが、以下の論議は、一般的に政府は秘密を守るべきだ、という主張ではない。

思うに、結局のところ、あらゆるまともな政権は、彼らを取り巻く政治的な諸問題に関する意見を持ち、少なくとも彼らから見て、どの目標が他よりも重要であるかを、決定できなければならない。実際、政府は国民に対して、たとえば教育支出に関して本当にそう信じているのなら、小学校を優先し二年制大学は優先度を落とす、と宣言する責任がある。あるい

はまた、ある分野の医療研究を保護し、その他の研究への支出は削減することを、明確にする責任がある。そして、この選択が気に入らないのなら、次の選挙で我々を落としてくれ、と言わなければならない。

老練な皮肉屋なら、こう言うだろう。選出されてから一年のうちに、「財政赤字削減計画」と「健康保険制度改革」と「公的教育の改善計画」を必ず提出するのが、米国の新政権である、と。もちろん、たいしたことが起きない場合も多い。かつてのクリントン政権当時に、ヒラリー・クリントンが行おうとした健康保険改革が、その好例である。だが、そうした挫《ざ》折《せつ》があっても、政府は自らの意図を説明し、優先度を明確にすることをやめないだろう。また、やめるべきではない。

だが、それと同じことを、国家の外交と軍事戦略という、もっと落とし穴と危険が多い分野でも行うことは、はたして賢明なのだろうか。

私はこの問題を、過去半年にわたって考えてきた。その間にオバマ政権は、地球規模の潮流に関する全体的評価と、それを踏まえた米国の対応に関する提案の、二つの文書を発表した。歴史的に見ると、各国政府は、対外的な誓約に自国の能力が見合っているかどうかを測定していることを、常に秘密にしてきた。つまり、こうした文書を発表する最近の慣行は、明らかに昔とは異なる。私が冒頭で「公文書」という言葉を強調したのも、こうした違いを鮮明にしたかったからである。

歴史家に聞けば分かるように、スペイン帝国の末期には、ネーデルラント地方やドイツ、地中海、インドなど様々な戦場の、どこに優先度を置くべきかに関して、無数の内部メモがやりとりされていた。そうした「高度な政策」は、同帝国のどの時代にもあったが、たとえば、南米を征服したコルテスに知らされることはなかった。ましてや庶民の耳に入るはずはなかったのである。

あるいはまた、一九三〇年代の危険な時期に、英国の政策立案者たちは、ドイツとイタリアと日本から大英帝国が受ける相対的な脅威の評価に、多くの時間を費やしていた。だが、海外での戦闘を望んでいないことに言及した政府文書以外、大衆には何も知らされなかった。したがって、この問題で大衆の出番はなかった。それに、ベルリンや東京に対して、わざわざ英国の考えを教えてやる理由などあるだろうか?

これとは対照的に、米国防総省は二月、米国の軍事力と軍事政策の現状を評価する、「四年ごとの国防見直し」と題した一〇五ページもの厚い文書を発表した。連邦議会の要求に基づくこの文書は、世界で「ナンバーワン」の国が直面するあらゆる挑戦に検討を加え、ロバート・ゲーツ国防長官の承認を得たものである。これを発表したという事実を、どう解釈すれば良いのか。あるいはまた、それから三ヵ月後の五月にホワイトハウスが、オバマ大統領自身によって承認された「国家安全保障戦略」文書を発表した事実を、どう解釈すれば良いのだろうか？

ここで、この二つの文書を厳密に比較するつもりはない。どちらも、基本的によく似た調子で謳い上げられている。だが、おおまかな疑問を発することは有意義だろう。これは何のためなのか、そしてどこに優先順位があるのか、という二つの問いである。

おそらく、第一の問いの方が、答えるのは簡単だ。それは、より良い広報活動のためである。歴代の米国政府は、国際問題に関する全体的な取り組みに欠けている、という苦情にさらされてきた。「大戦略」を持っておらず、省庁間の「縄張り争い」のせいで、最上層の高官でさえ「森と木の見分け」がつかなくなっている、と批判されてきたのである。

だとすれば、政府が本当に国家安全保障戦略を提供できることを示して、批判派をやりこめよう。民主主義国は、戦争状態にならない限り戦略的に考えることはできないという、「地政学」の創始者ハルフォード・マッキンダー卿*の有名な言葉を、論破しようではないか。それに、連邦議会が「四年ごとの国防見直し」を要求しているのだから、何か返事をしてやらなければならない。言い換えれば、これらの文書は、官僚が作ったガラクタである。発表から一ヵ月もしたらシュレッダーにかけてもいいような代物なのである。

優先順位の不在

もっと重要なのは、これらの厳粛な文書が、この先オバマ政権が採ろうとしている政治的優先順位について、何を言っているかである。だが、これもまた、たいしたことはない。そしてどちらかと言うと、ホワイトハウスの「国家安全保障戦略」文書の方が、不可解さの度合いが高い。同文書は、国防総省の「見直し」文書と同じように、米国は「戦争中の国である」という言葉から始まる。それが本当なら、現在、先の世界大戦に出兵した米兵の二〇分の一も動員されていないのはなぜか。その理由はまったく説明されていない。つまりこの国は、戦争中であるふりをしているか、ないしは本当に戦争中だが、避けられない代償を支払いたくないかの、どちらかなのだろう。しかも、このどちらの態度も危険である。

さらにこの文書は、冒頭部分で、米国は何よりも重要な「戦争」に従事しており、「我々はアルカイダとその暴力的な過激主義の同盟者たちを攪乱《かくらん》し、解体し、打破するべきだ」と明言している。だがその記述は、一九ページから二二ページまでのたった三ページ分にすぎない。そして、たちまち話はそれて、「サイバー空間の確保」や「納税者のドルを賢明に支出する」「手本としての我々の力を強化する」などの高尚な問題に移る。これらの多くは、国家戦略文書というよりも、国連憲章の序文のように見える。

そして、ペンタゴンの「四年ごとの国防見直し」も、これよりずっとましだとは言えない。

その大きな部分が、「我々の仲間の面倒を見る」「我々の仕事のやり方を改革する」「防衛リスク管理の枠組み」などに割かれているからである。だが、皮肉を言えば、多少はましである。現在から二〇一五年までの将来予算の「パイの分け前」を、各軍がそれぞれ主張しているため、攻撃型潜水艦とか海兵隊旅団とか、必要とされる将来の軍備に関して、おおまかに言及せざるを得なかったからである。そして結局、この報告書の中で最も興味深い記述は、今後四年間の「米戦力構成の主要な要素」を列挙した三ページ分と、第三一ページ「接近阻止の環境」で、かなり率直に、興隆する中国によってアジアから追い出されかけているわけではない、と述べている個所だと言えるだろう。

しかしながら、これらもまた、優先度を設けた大戦略ではない。各軍は、地球規模のテロや地球温暖化、破綻国家などに取り組むことに賛意を示した。だが誰も、たいして本気ではない。これらの問題に関して、航空母艦に何ができるだろう。実は、大量破壊兵器の脅威への対処についても、特別な関心を持っているわけではない。たぶん空軍は、ならず者国家の核施設などを吹き飛ばすことができるだろう。だが、陸軍に出番があるだろうか。

もっと単刀直入に事実を言えば、本当の意味で、米国の戦略と作戦の優先順位を定義すること、要するに順番をつけることを、全軍が恐れている。内部競争で負けることを心配しているのである。たとえば、興隆する中国は米国の権益にとって最も深刻な脅威である、と宣言すれば、海軍にとっては万々歳である。たぶん、空軍も喜ぶ。だが、陸軍にとっては絶望的である。地上軍の増強を優先する、と宣言すれば、海兵隊と陸軍は有頂天になる。だが、海軍の大型戦闘艦にとっては、不吉な兆候である。かくして、この「四年ごとの国防見直し」は右へ左へ身をかわし、全員に少しずつパイを配らなければならなかった。そして、一貫した秩序ある戦略的政策を展開することは、まったくできなかったのである。

結局のところ、おそらくマッキンダー卿の言う通りなのだろう。民主主義国は、本物の戦争にならない限り、戦略的に考えることができない。逆に言えば、米国が戦略的に考えていない以上、イラクとアフガニスタンでの作戦行動は、本物の戦争ではない。

「統治、それは選択である」という、フランス政治家の名言がある。目下のところ、高い金をかけて作ったこの二つの文書を見る限り、米国にはこの言葉があてはまらない。米国は、優先度を設けた国家安全保障戦略を、本当に持っていないのである。ただし、ホワイトハウスかペンタゴンの金庫の中に、何か飛び切り狡猾《こうかつ》で冷徹な、最高機密の文書が他に存在するのなら、話は別である。

二〇一〇年七月発表

＊第一次世界大戦をハートランドの理論で解説し、地政学の祖となったイギリスの地理学者。

II

国家vs.金融

地球規模の繁栄に必要なのは、正統性と言語と位置である

世界ビジネス都市度ランキング

この次にロンドンに行って、その日の仕事や買い物が終わったら、テームズ川を船で下り、グリニッジの王立天文台を訪ねたらどうだろう。ヘンデル作曲の「水上の音楽」を鼻先で奏でながら行くのもいい。グリニッジでは坂を上がり、地面に描かれた有名な「ゼロ子午線」まで行ってそれをまたぎ、片足を世界の西半球に、もう片足を東半球に置くことができる。西に向かえば、時間を稼ぐことができる。東に進路をとれば、時間を失う。つまり、時間測定線の基点をまたいでいるのである。

私が、この場所と、週末にゼロ子午線をまたいで喜んでいる英国の小学生たちを思い出したのは、マスターカード社「世界ビジネス都市度ランキング」を眺めている時だった。同ランキングは二年連続で、ロンドンの金融街「シティ」を、ニューヨーク、東京、シンガポー

ル、シカゴを抑えて最上位に置いていた。これらの後に続くのが、香港、パリ、フランクフルト、ソウル、そしてアムステルダムである。これに比べて上海は、調査対象の七五都市の中で二四位。ムンバイは四八位、モスクワは五一位だった。

こうしたランキング調査のほとんどは、注意深く取り扱う必要がある。かなり主観的な範疇《ちゅう》を設けて、それに特別の重みを与えていることが、しばしばあるからである。実際、この調査にも、「知識の創造」や「住みやすさ」など、正確な計測の仕方が分からないような項目が含まれている。

とはいうものの、調査内容の多くには、何らかの妥当性があった。たとえば、取引の総量や存在する金融機関の数である。明らかにロンドンでは、たとえばイスタンブールやクアラルンプールよりもはるかに多数の銀行が、はるかに多額の資本を扱っている。何世代にもわたる国債や株式、投資、保険などの取り扱い経験が、シティに対して相対的に、金融市場における「重層的な強さ」を与えている。それでもなお、ロンドンがウィーンやミラノ、東京、あるいはサンパウロなどの都市よりも上位にある理由は、説明がつかない。金の扱い方くらい、誰でも知っているからである。

同じ疑問が湧いてくる項目は他にもある。マスターカード調査は、「法的・政治的枠組み」の相対的な強さに、大きな重点を置いている。こうした要素に注目するのは良いことである。

なぜならそれは、基礎的だがあまり触れられない要因を、我々に思い出させるからだ。つまりそれは、財政的な予測可能性である。金融センターとして上位の諸都市は、すべてこの特徴を備えている。だが、下位の信頼性の低い都市は、概してこれに欠けているのである。

二世紀以上も昔、英経済学者アダム・スミスは、国を野蛮から繁栄に変えるために必要なものなど、「平和、楽な税金、そして忍耐し得る、正義の管理」の実現に比べれば、微々たるものだと述べた。言いかえれば、この三つは他の何よりも重要だ、と思っていたわけである。

確かに、たいていの実業家は、妥当で予測可能な税金なら、ある程度支払う用意がある。実際には政府が提供する法秩序の枠組みを必要としているが、たいていの実業家は政府など気にしない。政府が恣意《しい》的ではなく、個人の商取引を容認しさえすればいい。これは、「我、害をなさず」という、古代からの医師の誓約の文句とまったく同じである。すでに予測不能性を山ほど抱えている金融市場を、なるべくそっとしておいてもらいたい、というわけである。

たとえば、現在のベネズエラやロシアのような気紛れな政権は、この条件に達していない。ロンドンはこれを満たしている。だが、その点では香港やシンガポールも同じだ。アムステルダムとソウルも同様である。つまり、ウゴ・チャベス*、ウラジーミル・プーチン**両大統領が国際的に信頼されない理由はこれで分かるとしても、何が最も重要な条件なのか、という我々の探究は、ほとんど前進していない。

「立地、立地、立地」

ここで重要なことに気づく。いま、六位の香港、四位のシンガポールに言及したが、これに二位のニューヨーク、五位のシカゴを合わせれば、世界最上位の六つの金融センターのうち五つは、英語を母語とする場所である。そして英語は、国際取引に用いられる唯一の言語である。その意味では、東京の三位は驚くべき好成績である。

もちろん、フランクフルトやチューリッヒ、ドバイ、ソウルなども、差を縮めることに努めるだろう。英語での取引をもっともっと増やし、大会社の役員会議を英語で行ったりもするだろう。それでもなお非英語諸国は、英語という第二言語で働く職員の訓練と、自国の市場への投資と参入を促進するために、かなりの取引コストを負担し続けなければなるまい。

こう考えればよく分かる。たとえば、ゴールドマン・サックス社は一部の主要部局をニューヨークからロンドンに移したが、これは比較的に簡単な引っ越しだった。さらに東に進んで、ムンバイに出先を作ったことも、さほど驚くには当たらない。だがソウルで、あるいはパリでさえ、事務所を設立して何百人もの職員を集めることには、はるかに大きな困難が伴ったはずである。いわゆる「合理的選択」に基づいて動くはずの市場でも、やはり文化と言語が物を言うのである。

だが、地球規模の金融センターは英語世界にあるのが当然だとしても、なぜ、シカゴでもなくシンガポールでもなく、ロンドンなのだろう。ここで登場するのが、不動産業者の有名な呪文《じゅもん》、「立地、立地、立地」である。そして、ここで我々は、グリニッジのゼロ子午線に立ち戻らなければならない。

全読者は、世界地図を取り出してもらいたい。絶対条件ではないが、できればメルカトール図法のものがいい。それから赤ペンで、いやハサミで、北緯六〇度以北と南緯四〇度以南を全部切り離してもらいたい。ここには、パタゴニア人やニュージーランド人、エスキモー以外、ほとんど誰も住んでいない。さらに、東経一五〇度と西経一三〇度の間の、経度にして八〇度分の太平洋を、そっくり切り離してもらいたい。ここにも、ほとんど誰も住んでいない。

これで分かるのは、東は東京からシドニーへと走る子午線から、西はサンフランシスコを通る西経約一二〇度の子午線の間の、中緯度地域に、人類の大多数が住んでいることである。かくして、ここに市場が存在し、商取引が存在する。そして事実上、他のすべてが存在する。ただし、南大西洋のアホウドリの繁殖を研究したいのなら、話は別である。

さて、切り取られて小さくなった地図を、もう一度見てみよう。地球上の昼夜の移り変わりの関係から、世界的な商取引の中心に最もなりやすいのは、リスボンからイスタンブールあたりの間の、経度が少ない地域である。緯度的には、明らかにアフリカには地理的制約があるため、北半球になるだろう。ここは時差の関係で、取引の開始時にはアジア市場と重なり、午後遅くは北米市場と重なる。これに、英語を足しさえすれば、答えは、ロンドンである。これだけ条件がそろえば、ほとんど負ける者なしである。同じ経度にはアルジェ、同じ緯度にはワルシャワがあるが、まったく取るに足りない。

このロンドンが、首位の座を失う可能性はあるのだろうか。もちろんんだ。シティが公正な取引を行う能力、商取引の予測可能性、法の支配、妥当な租税、そして地球規模の商業センターとしての評判などを損なうような、愚かな諸政策を国が行えば、それによって言語に絶する打撃を受けかねない。民間の利益と国家財政の間で良識的な妥協を成立させる代わりに、自国の投資センターから金を巻き上げようとした国は、いずれも重い代償を支払ってきた。そして、それなりに大陸間の地理的な有利を備えた諸都市、フランクフルトから、興味深いことに湾岸諸国に至るまで、ロンドンの地位への潜在的挑戦者が多いのも事実である。

それでもなお、たとえ将来の政府や議会の干渉によってシティが傷つく時期があったとしても、ゼロ子午線と英語、そして金融経験の強さと深さという三拍子がそろったおかげで、ロンドンは、これから先も相対的に強い競争力を維持するはずだ。そしておそらく、この中で最も重要な要素は、地理的なものである。

英語を話す学校や大学で、このことがほとんど取り上げられないのは、実に皮肉である。しかしながら、地球が地軸を中心に回転している以上、地理は物を言う。これまで見てきたように、ロンドンが地球規模の金融センターの首位にあることには、多くの歴史的、制度的な理由がある。だが実は、カムチャツカ半島でも、南米の南端のティエラデルフエゴ諸島でもないことが、その主たる要因なのである。

二〇〇八年六月発表

＊一九九九年からベネズエラの大統領を務める。社会主義的、反米的な政策で知られる。
＊＊二〇〇〇年にロシア大統領就任、二〇〇八年五月より首相に転じた。

バーニー・マドフ、現代の「錬金術師」

同じ話の繰り返し

先日、米証券市場ウォール街の投資家バーニー・マドフが、大勢の顧客から五〇〇億ドルもの巨額を騙《だま》し取ったという衝撃的なニュースが流れた。だが、歴史感覚を持つ者なら、誰も本気で驚きはしなかったはずである。そう、以前にも見たのではないだろうか。一七世紀オランダのチューリップ投機、一八世紀に英国で起きた「南海会社」の投機バブル事件、前世紀に起きたハント兄弟の銀市場操作事件、等々。

これは、いかさま師が他人の金を取ろうとするという、同じ話の繰り返しである。そこで参考として、最も素晴らしく滑稽《こっけい》、かつ冷水を浴びせられるお話を紹介しよう。一七世紀の英劇作家ベン・ジョンソンの、「錬金術師」である。

ほぼ四〇〇年前にジョンソンはロンドンで、人生と野心、希望、そして愚行に関する一連の痛烈な喜劇を、次から次に生み出していた。「錬金術師」の初演は一六一〇年だった。当時のロンドン金融街「シティ」では、怪しげな口実の投機や香辛料貿易、絵画、はては遠い米バージニア州のタバコ農園に至るまで、誰もが金儲けに走っているように見えた。そしてジョンソンの作品は、まさにその姿を描いていたのである。

新しい金融投資の方がはるかに大きな利益を得られるのに、古い退屈な羊毛貿易にこだわる理由などあるだろうか。ただしそれには、投資の指導をしてくれる知人が必要である。どうだろう、よくある話ではないか。そして「錬金術師」の最も印象的な登場人物たちは、これよりもっと利口な驚くべき方法で、簡単に金をつかもうとするのである。

この劇は、ロンドンの邸宅の主人がしばらく田舎に出かけることになり、邪悪で抜け目のない使用人たちが、はからずも行動の自由を得たことから始まる。間もなく、一人の錬金術師が大成功を収めた、といううわさが、ロンドン東部の裏町に広がる。健康と力を保証する液体を作り出し、硬貨を純金に変えることさえできる、というのである。

錬金術師になりすました男の名は「サトゥル」。これは、英語で「悪賢い」という意味を含む言葉である。実は、当時の英国の作家たちは、「軽薄」を意味する「シャロー」判事や、「げっぷ」を意味する「ベルチ」卿、「おかしな言い間違い」を意味する「マラプロップ」夫人など、登場人物の欠点を示唆する名前を使うのが大好きだったのである。

悪党たちは、応接間を模様替えし、錬金術師のチームを装って、客が殺到するのを待った。犠牲者たちが金を巻き上げられるのは時間の問題となった。やって来たのは、騙されやすい投資家たちである。欲に駆られて、自分の資産を錬金術師の手で増やそうとしていた。その中には、カルビン主義を英国中に広めるために大金が欲しいという、熱心な野望を持つ二人のオランダ人牧師も含まれていた。また、現世の欲望を常に永遠に満たしたいと躍起《やっき》になっている紳士もいた。彼らに共通するのは、要するに、努力せずに儲けたい、という欲望で身を焦がしていることだったのである。

さて、この実に辛辣《しんらつ》な喜劇は、どう展開するだろう。悪党たちは、錬金術師のふりをし続けるため、次から次へと努力する破目になった。一つのペテンが次のペテンを招いた。一つの虚言が次の虚言を招いた。ネズミ講のからくりを長く維持するために、実に大変な努力を払うことになったのである。まだ「錬金術師」の舞台や脚本を見たことがない人のために結末は明かさないが、これだけは言っておこう。屋敷の主人がロンドンに突然帰ってくる前に、すでに、この複雑な嘘の網目は破れ去ろうとしていたのである。

欲張り人口の拡大

四〇〇年前の舞台劇のあらすじや登場人物と、いま展開しつつあるバーニー・マドフの超巨大ネズミ講スキャンダルとの間の、奇妙な類似性について、長々と述べる必要はない。ジョンソンの劇に登場する悪党の使用人たちと同様に、マドフと彼を助ける腹心の数人は、他人を説得して持ち金を手放させるという、実に古典的な方法で富を築きたいと思ったのである。

ただし、今回のペテン行為は驚くほど長続きした。米証券取引委員会（SEC）による真の監視の欠如と、騙されやすい欲張り人口の拡大と、人心操作の大天才がそろったせいである。そしてこの話には、かのジョンソンも苦笑したに違いない、最後の「オチ」がある。マドフは、自分の名前が「メイドフ」と発音されることに、いつもこだわっていた。英語でこの言葉は、「持ち逃げ」という意味に通じる。そして確かに、彼が大勢の金を持ち逃げしたことは否定できない。かくして、地球は回る。

二〇〇八年十二月発表

四本足は良い、二本足は悪い――広い経済基盤の恩恵

一本足の経済は危険

「四本足は良い、二本足は悪い」。これは周知のように、英国の偉大な政治風刺家ジョージ・オーウェルの小説『動物農場』からの引用句である。豚たちが農場の他の動物をそそのかし、持ち主の人間に反乱した時に発明したスローガンに他ならない。

支えが四つあれば、ものは安定し、均衡がとれる。テーブルにせよ、馬車馬にせよ、四本足のものを倒すのは難しい。それに比べて二本足の動物は、はるかに不安定で、頑丈さに劣る。

この話を持ち出したのは、金融危機に見舞われた現在の世界経済を眺める上で、何か教訓が得られそうだからである。国によって程度の差はあるが、国際的な信用危機と、商品やサービスの需要停滞から、本当の意味で免れた国はない。特定の経済部門が、他の部門よりも

際だって悪化した例が目につく。そうだとすると、国が拠って立つ財源は、一つや二つより、多様な方が良いのは確かである。

こういう考えが思い浮かんだのは、最近、古いデータ類を整理していた時のことである。世界銀行が二〇年ほど前に出した一人当たり国民総生産（GNP）の表を見た私は、健全な経済とは何かという問いに、当時、大いに興味を抱いたことを思い出したのである。

その表では、スイス、クウェートの二国が最上位を占めていた。一人当たり国民所得は、ほぼ同額である。

クウェートの高い所得は、もちろん、完全に一つの財源、つまり石油に依存している。対照的に、スイスの豊かさは、少なくとも四つの財源に基づいている。強力な銀行・保険・投資サービス、工学製品や薬品など高品質で付加価値の高い製造業、観光収入、そして国の高い保護を受ける高収入の農業部門。まさに四本の頑丈な足である。

世界中の多くの国が過去数十年の間、クウェートのような石油収入が欲しいと思い続けてきたに違いない。だが、公平を期して言えば、高価値な産品一つへの圧倒的な依存は、二つの巨大なリスクを伴っている。

一つは、我々はこれにあまり注意を払っていないが、地下から噴出する新たな富の源泉が、国民所得の他の財源をいつのまにか駆逐したり、弱体化させたりすることである。人々は、もはや漁業や農業、林業などの伝統産業ではなく、石油産業で働きたがる。石油収入は物価を押し上げるが、そう、金はあまっている。自動車や電化製品、ホテル、空港など、外国製品がどんどん増えても、支払いは石油がしてくれる。ガソリン税はないし、その小売価格は人為的に抑えられている。

だが、強力で責任ある国家の統治がない限り、腐敗がはびこり経済はゆがむ。ナイジェリアやベネズエラがいい例である。公的福祉で名高いノルウェーでさえ、北海油田という単一の富の源泉がもたらす「ミダス王の呪い」*に苦労しているのである。

当たり前の真理に立ち返る時

第二のリスクは、いまやもっと我々になじみ深い問題である。すなわち、貴重な産品の取引価格が、世界市場で突然崩壊する危険である。実際ここ一年で、石油価格だけでなく、ボーキサイト、銅、木材、ゴム等々、ほとんどすべての原材料の価値が急落している。

ロシアやベネズエラ、イランなどの不愉快な諸国が、石油価格の崩壊で打撃を受けたことに、満足を覚える向きがあるかもしれない。だが、多くの第三世界諸国が、海外からの資金流入の面で、深刻な危機に直面している。これを喜ぶことは到底できない。

経済基盤の「足」が四本以上あり、もっと安定しているはずの諸国も、いまや「動物農場」のスローガンに注意を払う必要がある。ただしその理由は、少し異なる。実は、均衡のとれた経済の手本にあげたスイスでさえ、いまや傷ついている。「足」の一つである金融投資が、特にいくつかの大銀行による無分別な巨大投資によって、不釣り合いに肥大化した結果、健全財政のとりでとしてのスイスの評判を、大きく損なってしまったのである。

もっとひどいのは、過去二年にわたる、アイルランド経済の劇的な後退である。過去数十年にわたり同国は、EU加盟とユーロへの参加、組み立て製造業の基盤の拡大、サービス産業の繁栄や、堅実な農業、高い観光収入等々、多くの成功を収めてきた。だが、無謀な投資に入れ込み、住宅ローンをグロテスクに拡大することによって、これまで獲得したものの多くを浪費してしまったのである。

オーウェルも、そして「動物農場」の貪欲な豚たちも、経済の専門家ではなかった。だが、「四本足は良い」という彼らの言葉には一理あると思う。

金融の大混乱を経験したいま、我々は、人生と金に関する当たり前の真理に、立ち返るべきではないだろうか。すべての卵を同じかごに入れるな。賭けには、保険をかけろ。政治指導者なら、自分の国の強みと弱みを把握しろ。そして、すぐに金になる「ミダス王の呪い」に手を出すな。もし、そうできるのなら。

さて、この教訓は、世界最強の経済大国である米国に、どうあてはまるのだろう。

米国は、長期的な地球規模の均衡が、いわゆる一極支配から多極的秩序へ移りつつある時に二一世紀を迎えた。つまり、米国が相対的に衰退していることに、論議の余地はない。力の均衡は、常に動いている。そして、海外での度を越した軍事行動や、不動産・住宅ローン市場での信じがたい愚行のせいで、その移行が早まったこともまた真実である。

だが、オバマ新大統領が引き継いだ米国には、まだ多くの余力がある。それを活性化させまとめ上げることが可能かどうか分からないが、米国は、クウェートのように単一財源に依存してはいない。アイルランドのような行きすぎた金融活動でゆがんでもいない。農業からエネルギーに至るまで、様々な形の膨大な天然資源と、他の諸大国にくらべれば驚くほど良好な人口構成と、大学を含む莫大な研究開発能力と、労働市場の特筆すべき柔軟性を持ちあわせている。

だが、どう行動するにしても、オーウェルの豚を思い出した方がよい。国家経済にとっては、四本かそれ以上の支柱を持つ枠組みの方が好ましい。二本足に頼るのは良くない。そしてもっと悪いのは、一本足に頼ることである。

二〇〇九年一月発表

＊ミダス王の触れるものが全部金になるというギリシャ神話

カール・マルクスとG20

マルクスの政治予測と経済分析

ここ数日、政治に関心を持つ人たちの目は、今週ロンドンで開かれる主要二〇ヵ国・地域「G20」の首脳会議に釘付けになっている。そこで、こう言うと読者は奇妙に思うかもしれないが、カール・マルクスのことから話を始めたい。

共産主義の知的な開祖であるマルクスがいまも生きていたら、こう思っているだろう。私が主要な著作を発表してから一世紀半も経ったのに、地球規模の資本主義が生きながらえているなんて、とうてい理解できない。愚かな投資と金融行為によって衝撃を受けはしたが、世界の主要諸国が東西南北から集まり、国際市場システムを元通り修復しようとしているなんて信じられない、と。

真実を言えば、資本主義には繰り返し変身する能力があることを、純粋な自由市場政策に慎重な修正を加えさえすれば、それ以外の「主義」よりも好ましい存在であることを、マルクスは完全に見落としていたのである。ただし、マルクスの政治的予測は失敗だったとしても、彼の経済分析の大きな部分は救済に値する。特にそう言えるのは、「上部構造」を占める政府や支配者の目まぐるしい日々の活動とは異なる速度で進む、「生産諸力」の長期的、地殻変動的な変化こそが、いかなる国家指導者グループのいかなる宣言よりも重要な歴史的衝撃を与える、という彼の考え方である。

その通りではないだろうか。歴史には、国家指導者たちによる厳粛な合意が散乱している。中でも、足元の地殻変動を把握し損なったという意味で最も悪名高いのは、おそらく、第一次世界大戦の処理を決めた一九一九年のベルサイユ合意だろう。しかしながらメディアは、そうした首脳会議に際して、多数の著名な政治家たちの豪華な集まりに焦点を当てるとともに、世界の救済に関する高尚な演説や、人類の目標に向けて力を合わせるという誓いを、大きく報じ続けてきた。したがって、一般大衆や証券市場が、恐るべき国際問題はついに解決されたのだ、と信じても不思議ではなかったのかもしれない。

同じことは、ロンドンのG20会議にも言えるだろう。世界中のメディアが飛びつかざるを得ないような宣言が出されるだろう。苦難に直面している諸国を助けるため、IMFが使える貸出資金を拡大するべきだ。IMFの姉妹機関である世界銀行が、最貧諸国の必要に答えなければならない。保護主義的な傾向は回避されなければならない。心正しき人々が、こうした考えに苦情を言うことなどあるだろうか。

ドルを蹴落とすべきか

こうした和やかな国際宣言の中で、地球規模の経済危機に対処するための提案として、おそらくこれからも欠かせないものがいくつかある。その筆頭は、国際的な環境の変化に対応するため、いわゆる支配的な世界通貨としての、米ドルが持つ特別な役割を変えるべきだ、という考え方である。

この提案の主唱者が、認知された複数の通貨で構成される「通貨バスケット」の創設を論じているにせよ、特別引出権（SDR）と呼ばれる、IMFの人工的な換算単位のことを言っているにせよ、とにかくこの論議への参加者たち全員が念頭に置いていることがある。それは、単に基軸通貨に関する技術的な改変を行うだけでなく、米国のドルを少し引きずり落とすことである。それによって、少なくとも経済に関する限りワシントンの重みを減らし、世界を振り回す能力を低下させることである。

この可能性については、中国の指導的な人々が、かなり以前から口にしている。ロシアにも、この考え方を支持する感情がある。また、フランスのニコラ・サルコジ大統領やその他のユーロ至上主義者たちが、そうなることを喜ばない場面など、とうてい想像できない。

ただし、今回のロンドン首脳会議でそうなることはないだろう。深刻な技術的困難に加えて、ドルの大暴落が起きるのではないか、という純粋な恐怖感を市場が抱えているからである。気の利いた連中は、たとえ予想通りにドル価値が下落するにしても、頭の鈍い投資家たちが動き出す前にドルを処分できるような時間的余裕が欲しい、と思っているのである。

もっと重要なのは、オバマ新政権にとって、「ドル、首位の座から蹴《け》落《お》とされる」という扇情的な大見出しの真っただ中でワシントンに戻ることなど、不可能だということである。だから、ホスト役の英国やその他の諸国の指導者たちは、ドル問題が会議の公式議題にはならないことを約束しているに違いない。

しかしながら、地球規模の客観的な経済データを一目見れば、すぐ分かることがある。それは、準備通貨として過剰な地位を与えられたドルの役割が、遅かれ早かれ縮小する日が訪れかけていることである。だとすれば、それをスムーズに行う方法を考えるべきではないだろうか。実際、著名な経済学者*ジョセフ・スティグリッツ氏が率いる国連専門家委員会が、それを勧告したばかりである。

大雑把に言うと、米国は全世界のGDPの約五分の一を保有しているが、米国の紙幣は、全世界の交換可能な通貨準備の六、七割を供給している。米国の勝利至上主義者たちにとってこれは、自国の力の証し、地球の要としての自国の役割の証拠である。

だが、もっと冷静な金融分析家にとってこれは、特にワシントンが巨大な連邦赤字の穴埋めを外国人に頼っているいま、憂慮すべき不均衡である。また、長期的な視点で眺める歴史家の頭に浮かぶのは、もともとさほど偉大でもなかった英国が、世界全体に占める生産の比率が半世紀前よりも低下しているにもかかわらず、英通貨ポンドの特別な役割を維持しようとした前例である。

そして、今回のロンドン首脳会議を、会場から数キロ離れたハイゲート墓地にある墓の中から見つめているマルクスにとってこれは、資本主義の明白な「矛盾」に他ならない。すなわち、ある国の生産諸力と、国際取引市場におけるその国の通貨の占有率が、あまりにも顕著に異なっている時には、何らかの亀裂が入るだろう。そしてそれは、通貨の側に起きるだろう。

ＩＭＦの力関係

二つ目の微妙な争点は、たとえば「参加諸国はいっそうの検討に合意した」などの慎重な言い回しを用いるものの、もっとおおっぴらに取り扱われるものである。それは、ＩＭＦの最上層部における力の均衡である。

現在の経済的な大嵐の中で打ちひしがれた諸国やその通貨を支えるため、二倍にせよ三倍にせよ、ＩＭＦには現在よりも大きな資金が与えられるべきだという点に関しては、事実上、誰もが賛成する。日本はすでに一〇〇〇億ドルを約束している。ＥＵも同じである。米国もまた、連邦議会が認めれば、そうした資金を約束するだろう。そして、世界最大の準備通貨保有国である中国もまた非常に大きな貢献をすることを、誰もが期待している。

だが、中国は舞台裏で疑問を呈している。なぜ、つい最近参加したばかりの機関に対する、主要出資国にならなければならないのか。しかもその機関の経営統治と文化は、欧米の資本主義システムの側に明白に傾いているではないか、と。

もし中国やその他のアジア諸国が、ＩＭＦの貸出総額に占める出資割合を増やすよう求められるのなら、当然のことながら、理事会においても、もっと大きな場所を占める必要があるのではないだろうか。世界銀行の総裁は米国人で、ＩＭＦ専務理事は欧州人という、古いブレトンウッズ体制による椅子の配分を今後も長く続けることを、なぜ前提にしなければならないのか。おそらく一〇年もしないうちに、中国のＩＭＦ出資比率がＥＵより大きくなった時、欧州が経営トップの座を主張するのは「矛盾」ではないだろうか。

読者は、この一文の行き先が分かったと思う。確かに、世界の指導的諸国の長たちがロンドンに集まり、国際的不況の悪化を回避する努力をするのは、それなりに良いことである。

もし、彼ら全員が幸せな家族のように見えることができたなら、さらに良いだろう。そして、近視眼的な市場関係者は、それを歓迎するだろう。

だが、少しばかり幸運が伴えば、この重要な政治的行事によって物事は「通常」に戻るはずだ、銀行と信用と通商の危機が勃発する以前の世界に戻ることができるはずだ、という前提に立つのは禁物である。我々の足の下では経済的な地殻が、しばしば嘲笑《ちょうしょう》を浴びたマルクスの「下部構造」が、欧米から、それ以外の成功しつつある地域へと、依然として移動しているからである。この地殻変動は、ブレトンウッズ体制と、世界通貨市場におけるドルの地位に影響を与えるだろう。五〇年かけて国際舞台の大立者になろうとしたEUは、中国とインドに追い越されようとしている。そして究極的に、この地球の要としての米国の地位にもまた影響が及ぶだろう。

確かに、今回のロンドン首脳会議は興味深いものである。ただしその理由はおそらく、興奮しやすいメディアが息せき切って伝えるものを、はるかに超えたところにあると言えるだろう。

二〇〇九年三月発表

＊コロンビア大学教授。世界銀行副総裁も務めた。二〇〇一年にノーベル経済学賞を受賞。

いかにして国家は復権したのか

国民国家への批判

五〇〇年ほど昔、西欧の一部で、人間社会に奇妙なことが起きた。小単位の領土、つまり侯爵領や公国、自由都市、無秩序な軍閥支配地域、荒々しい辺境の土地などで構成される場所で、スペイン、フランス、イングランド、ウェールズなど、多数の統一国民国家が誕生したのである。

それらの政府は、権力の独占を主張した。そこには、軍事力と警察力の専有、課税権、単一の政府機構の樹立に加え、国民議会、共通の言語、国歌、国旗、郵便制度その他、現在の国連加盟一九二ヵ国が当然と考えている、あらゆる主権の形態が含まれていた。

かくして国民国家が到来した。そして、世界は二度と元に戻らなかったのである。

国民国家には、決して敵や批判者がいなかったわけではない。たとえばカール・マルクスは、来たるべき国際共産主義の成功が、必然的に「国家の衰亡」につながるだろうと予言した。一九四〇年代の世界連邦主義者たちは、地球統治の様々な形態に目を向け、全人類の議会さえも検討したのである。

もっと最近の例を挙げよう。そしてこれが本稿のテーマなのだが、束縛のない自由市場資本主義を前にして、識者たちは、世界は一つのバザールになった、と主張した。政府の有効性は縮小し、戦争や紛争は過去のものになり、冷戦は歴史上の珍事となり、国際問題を支配しているのは、無国籍の金融の力である。もし世界が一つのグループの手中にあるとすれば、その主体は、ゴールドマンサックスなど新進の投資銀行やベンチャー投資家、自由放任主義をまくしたてる経済専門家たちである。国家、特に「大きな政府」や全体主義的な形態は、過去のものになった、と。

米国の保守派は、いわゆる「大きな政府」など無用であり、注意を払う必要もないとあざ笑った。ところが二一世紀に入ると、その思い上がりを打ち消すような、二つの大噴火が発生した。その一つ目が、9・11同時テロ事件である。

非国家主体による、意表を突いた殺戮行動は、地球上で最も強力な国家をひどく傷つけ、アルカイダとタリバンに対する一連の驚くべき対抗措置に走らせた。さらに米国は、世界の国々の大半を動員し、国家を主体とする秩序を防衛することに、躍起になった。あらゆる種類の治安措置や、個々の市民に関する膨大なデータの蓄積、他国との機密情報の共有、怪しい銀行口座や禁制品に対する協調措置などは、いわゆる「テロとの戦争」の副産物の一つである。

屈服した「宇宙の支配者たち」

歓迎されざる、ぞっとするような二つ目の出来事は、昨年来の金融危機である。米国のサブプライム住宅ローン市場にはびこっていた無責任は、地球上のあらゆる場所にドミノ効果を広げ、遠く離れた個人や銀行、会社、そして社会全体を傷つけたのである。

この劇的な危機に関しては、指摘すべきことが多数ある。その一つは、米国の作家トム・ウルフが皮肉たっぷりに「宇宙の支配者たち」と命名した人々、つまり商業銀行家やヘッジファンドの運用助言者、「株価は永遠に上昇する」と告げた偽予言者たちの、面目を失墜させたことである。

自分の家を失ったり、貯金や年金が壊滅したりした人々にとって、銀行家や経営責任者が公然と辱《はずかし》められる光景は、自分たちの痛みに対する中途半端な慰めでしかない。失業したり短時間労働者にされたりしたおそらく何百万もの人々にとって、これらの羽振りのいい連中に対する制裁は不十分だろう。だがそれは今回の論点ではない。

私が言いたいのは、束縛のない自由市場資本主義の世界が、唐突に、激震を伴って終わりを告げ、国家が進み出て、政治だけでなく金融問題の管理をも再開したことである。もちろん、世界中の様々な場所で、国家が退場したことは一度もなかった。九〇年代後半には、ロシア、中国、ベネズエラ、ザンビアなどで、すでに国家権力は増大の兆候を見せていた。したがって、市場志向型経済の逆転は、特に米国において最も衝撃的だったと言えるだろう。米国の有力銀行が、いわゆる「耐久試験*」にかけられ、その経営者が連邦議会の各委員会で繰り返し詰問され、これまで野放しだった彼らの給料と賞与に「上限」が設けられる光景は、まさに巨人たちの屈従である。それは、国民国家の潜在的な強さをもまた想起させる。

同じことが国際的な場面においても言える。現在の「宇宙の支配者」は誰か。毎年恒例のダボス会議に、リムジン車やヘリコプターで出入りしていた民間の大資本家たちか。それとも、暗い顔をした財務省や中央銀行の長たちなのか。答えは明白である。地球規模の大金融機関でさえも、政治的なご主人様の笛に合わせて踊っている。つまり、最大の発言権を持っているのは政府である。

たとえばＩＭＦは、傷ついた国家経済や崩壊する通貨を支えるため、何千億ドルかの追加資金をもらうかもしれない。だが、その権限はどこから来たのか。もちろん、世界の金融システムを救済する必要性を認識した諸国の、政府グループからである。その決定が、古い

G7会議のものか、あるいは新しいG20会議のものなのかは、真の問題ではない。肝心なのは、明らかに「政府」による行動だということである。

要するに、国家が舞台の中央に復帰したのである。ほとんどの国で、GDPにおける政府部門の比率が急上昇している。政府支出と国家債務も同様である。

すべての道は連邦議会に、あるいは各国議会に、あるいはドイツ中央銀行に、あるいは中国の場合は中国人民銀行に、つながっているように見える。市場は、金利の変更に関するほんの少しの兆候や、意図的にせよ不用意にせよ、米ドルの強さの再評価に関する発言に、不安げに目を凝らしている。

五〇〇年前の君主たちなら、こうした状況に誰も驚いたりはしないだろう。結局のところ、ハリー・トルーマン大統領の有名な文句「責任はここでとる」を借りるなら、通常、権力の手綱を握っているのは政治的指導者なのである。

近年、ヘッジファンドの親玉や野心過剰の銀行家たちがいくらか投機に成功したのを見て、この昔ながらの真実が無用の長物になったと思った人々は、愚か者だったのである。

二〇〇九年六月発表

＊金融機関の経営の健全性を調べる検査。ストレステスト。

長期的な米ドルの運命

ドルの弱体化

いま学界では、実に興味深い論議が闘わされている。それは、外貨取引における最高の準備通貨としての米ドルと、それよりもっと重要な、各国政府や国際的企業、石油やガスその他の天然資源の生産者たちの保有通貨としての米ドルの、長期的な運命である。

この問題は、今年四月にロンドンで行われた「G20」の首脳会議の際、IMFが新たに二五〇〇億ドルの特別引出権（SDR）の割り当てを受けた時に、ジャーナリストたちの関心を呼んだ。それから二ヵ月後、ロシアのエカテリンブルクで、ブラジル、ロシア、インド、中国の、いわゆるBRICs諸国の首脳会議が派手に執り行われた時にも、この問題は浮上した。新興諸国の超国家的な連合体は、彼らの保有外貨をドルからIMF交換単位に切り換えることを通じて、米国の化けの皮をはぐことを示唆したと、識者たちは解説したのである。

こうした国際的なおしゃべり全体を好意的に解釈すれば、こうなる。世界にとっては、単一の通貨よりも、「一連の」国際通貨に基づく通貨交換制度の方が、実際問題としてましである。なぜなら、その単一通貨が、発行国の国内的な不手際によって破綻すれば、罪のない多くの関係者に破滅をもたらしかねないからである。おそらく特に被害を受けるのは、ドルに依存する貧困諸国である。そういえば、偉大な経済学者ジョン・メイナード・ケインズも一九四四年、ドルが世界支配を続ければ、ドル自身がその重みに潰される結果を招くとして、新たな国際通貨「バンコール」の創設を提案しているではないか。

確かにそうなった方が、国際社会にとって、実際、米国にとってもまた、良いことだったかもしれない。疲れた巨人が、単一の基軸通貨という、あまりにも大きな運命を背負ってよろめく必要などあるだろうか。だが、ドル札でポケットを膨らましたワシントンは、ケインズの計画を拒否した。お山の大将は気分が良い。それに、世界の指導的外貨を保有していれば、通商と国際経常収支の膨大な赤字を、何の不都合もなく続けることができる。それは、アイスランドや韓国など、弱小通貨の国にはできない業である。

ドルの優位を終わらせようとする最近の動きを、もっと悪意に解釈すれば、そこには間違いなく反米的な要素がある。国際関係の指導的大国が、序列の下位にある国々から常に妬《ねた》まれるのは、自然の成り行きだろう。その覇権国が、経済学者たちの言う「公共財」の配分に、かなり成功しているとしても、事情は同じである。

したがって、ブラジル、ロシア、インド、中国という新興諸国が、自分たちだけの集まりを持つことを決めた場合、彼らが国際的な通商・金融システムを議題にし、いかにして米国への依存を減らすかを論議したとしても、ほとんど驚くに当たらない。いわゆる「サブプライム」ローン破綻やずさんな銀行経営、通貨支配などを通じて、米国は彼らに大損害をもたらしかねないからである。

また一部の人々にとって、ドルの弱体化はまた、米国の傲慢さへの痛撃である。「お山の大将」も引きずり降ろされる可能性がある、という教訓である。主要な準備通貨としての、ドルの「不公正な」優位を除去することは、たとえばフランスの知識人にとって、そして記録で見る限りドゴールからサルコジに至る歴代仏大統領にとって、これまでも常に歓迎すべきことだったようである。

四大外貨の時代へ

かくして、世界の商取引をもっとスムーズにするために、より公平な「通貨バスケット」を推進したり、あるいはその変種として、ＩＭＦの特別引出権（ＳＤＲ）を媒介とした通商を試みたりするべきである。そうしない理由が、何かあるだろうか。これは、一見したところ理にかなっている。したがって擁護できる。おまけに、米国を一、二段下に引きずり降ろすこともできるだろう。

しかしながら、目下のところSDRは、トヨタ車に値段をつけたり、金銭支払い機から札束を引き出したりするような、一般的通貨としての機能を果たすことができない。その理由は山ほどある。SDRの機能は本質的に政府間のものであり、たとえばバークレー銀行の外貨部門とは、似ても似つかないものなのである。

これについては最近、ワシントンのケイトー研究所に籍を置く金融問題評論家スワミナサン・アイヤール*が、「国際通貨基金通貨はドルのライバルになれるのか」という文章の中で詳しく説明している。特筆すべきは、アイヤールが、ドルの国際的役割の低下を男性機能の危機と見なしているかのような、米国至上主義的な論者ではないことである。実際、政治と経済に関する絶対自由主義的な見解で知られるアイヤールは、冷静にこう論じている。

ドルの相対的な低落は、世界各国の政府がIMFのSDRなどのような何らかの人工的なものに頼ることによってではなく、中国のGDPの継続的な成長と、完全兌換通貨としての人民元の到来の結果として、もたらされる可能性の方が高い。円とドルとユーロに人民元が加わって四大外貨の時代になれば、伝統的な通貨交換の手段に代わるものを求める圧力と論理は、もっと弱まるだろう。

力の均衡は転移する

アイヤールの文章を読み始めるほんのちょっと前に、私の目は、アインシュタイン国際研究センター（CESI）の卓越したイタリア人学者アントニオ・モスコーニが書いた「ドルが世界的優越性を返上する時（一九一七～二〇〇八年）」という、やや風変わりな文章に引き付けられた。そのタイトルに使われている「返上」という言葉が、カエサルのものはカエサルに、神のものは神に返上するという、何か聖書めいた意味合いを感じさせるものだったので、私はすぐに中身が読みたくなったのである。

大学教授ほど暇ではない読者のために要約すると、大意はこうである。米ドルは二つの人生を歩んできた。第一は、一九二〇年から一九六〇年にかけての、強力な債権国の通貨としてのもの。第二は、一九七〇年代から今日までの、「債務の帝国」の通貨としてのものである。そして、毎週行われるみじめな米国債の叩き売りによって、これから国際債務はさらに積み上がるだろう。

米政府が国際的な財政問題にからんで、国内の紙幣印刷能力をいかに乱用しているかを描写する、モスコーニの優美にして破壊的な文章を数行で要約するのは不可能である。だが、「この危機は他のものとは異なる。これは国際的な立役者としてのドルの、最後のあがきである」という彼の全体的な結論は、実に単刀直入だ。将来のどこかの時点で、世界の大半は、米財務省と連邦準備制度理事会（FRB）の自閉症的な決定に自らの運命を委ねることを、回避するための措置をとるだろう、と言うのである。

まあ、それはいずれ分かるだろう。現在の世界市場の神経質さから見て、ドルが急にスランプに陥る可能性もあれば、ドル交換率の改善が起きる可能性もある。ただ全体として言えば、こうした学者の文章は、何らかの基本認識を与えてくれる。いま我々が生きている世界では、地球人口の約五％にすぎない一つの国が、世界のGDP総額の約二〇％を持ち、防衛支出総額のほぼ五〇％を費やし、世界全体の外貨準備の六五～七〇％に相当する紙幣を自由に印刷しているのである。

もし、経済学者たちが言う「収斂《しゅうれん》の理論」を信じるなら、つまり、様々な企業や地域や国の生産と収入は同一の水準に近づいていくのだとすれば、結論は明白である。中国やインド、韓国、ブラジル、メキシコ、そしてインドネシアがそろって「追い上げ」てくれば、たとえバージニア州とバーモント州の住民たちの方が二〇五〇年までは絶対的に豊かだとしても、米国全体の取り分は相対的に縮小する。遅かれ早かれ我々は、地球規模の力の均衡の新たな転移を目撃することになる。そして、まさにこれは「遅い」か「早い」かの問題であって、そうなる「かもしれない」ではないのである。

短期的に見ても、特に私が顧客の将来の利益を守りたいと思う投資顧問だったら、現在の投資配分をもう少し真剣に見直すだろう。私が投資の成果を顧客に「返上」することになった時、あまりにも時代遅れだとそしられたくないからである。そして国際関係の筆者としての私は、様々な通貨による謝礼や印税を、喜んで受け取るだろう。もちろん、安全策として。

二〇〇九年八月発表

＊ http://www.cato.org/pubs/dpa/dpa10.pdf

＊＊原題は "The World Supremacy of the Dollar at the Rendering (1917-2008)" ＣＥＳＩのウェブサイトで読むことができる。http://www.centroeinstein.it/

なぜ米国は強い人民元を望むのか

通貨の弱体化は福音か

抽象的な話から始めたい。それぞれ独自の通貨を持つA国とB国があるとしよう。A国がB国に対して、貴国が不公正にも自国通貨を過小評価しているせいで、我が国の輸出は傷つき、貪欲な我が国民は不当に安い輸入品に飛びついている、と言ったとする。そして、あくまで仮定の話だが、B国通貨がどんどん強くなっていったら、何が起きるだろうか。

こう書くと、読者は、オバマ米大統領が今月、ニューヨークで中国の温家宝《おんかほう》首相と会談し、人民元切り上げを強く迫ったことを想起するだろうが、もう少し、抽象的な話にお付き合い願いたい。

もしA国の要求に応じてB国通貨の価値が変わり、国際為替市場で、どんどんどんどん強くなるとする。B国の輸出品は高価になり、A国の輸出品は安くなる。A国の政治家と産業界は小躍りして喜ぶ。大勝利だ、これが政治家の仕事なのだ、と。

これで一件落着だろうか。残念ながらそうではない。第一に、A国にとって必要不可欠で、世界のどこにもない希少鉱物などを、B国が持っているかもしれない。いまや、そうした輸入品の代金は上がる一方だ。またA国には、たとえば玩具や自転車部品、高級双眼鏡などを作る企業がもはや存在せず、B国から高値で買わなければならない。やがてそうした品目の国内製造が始まったとしても、「出遅れ」を取り戻すのに一〇年かかるかもしれない。

第二に、これはさらに重要だが、通貨が弱体化する国は、国際的地位の低下を感じることになる。まず、国際的な購買力の低下がもたらす衝撃がある。

どこかアフリカの国が、最新の通信機器や兵器に不可欠なタングステンやマンガン、コバルトなどを埋蔵しているとしよう。米国だけでなく、中国や日本、インド、EU諸国なども、これらをのどから手が出るほど欲しがっている。

この時、国際為替市場でのドル価値が下落し、人民元が上昇していたら、どうなるか。米国の産業にとってタングステンは高価になる。だが、日々ますます貪欲になっているかに見える中国の軍産複合体にとって、価格ははるかに安くなる。ドルの弱体化は、米国の弱体化なのである。

「人民元の切り上げ要求」のワナ

オバマ政権は、民主党の支持層である労働組合と、共和党の草の根運動の無責任な強硬意見につきあげられて、良かれと思って、人民元の切り上げを、つまりその強化を中国に求めている。そしてすべての米国民が、それは良いアイデアだ、と思っているらしい。米国の対中輸出は増え、中国の対米輸出は減少し、貿易の不均衡は是正されるだろう。これで万々歳だ、と。

確かに、人民元が二割上がれば、利益を得る米企業が出てくるだろう。だが、私の考えでは、米国の経済全体が受ける恩恵は、はるかに小さい。中国製品に構造的に依存しているからである。たとえば、中国製の八ドルのTシャツが一〇ドルになったら、米国にとってどんな利益があるだろう。経済の門外漢として直感を率直に言えば、米国には何の利益もない。貿易赤字が増えるだけである。

だが、人民元の国際的な通貨価値の着実な上昇を歓迎すべきではない、もっと大きな理由がある。それは地政学的なもの、ありていに言えば、軍事的なものである。ある国の通貨が他国に場所を譲れば、必ず国際的な力と影響の低下につながる。これは歴史的事実なのである。

ルネサンス期のイタリア商人は、貿易を自国通貨で決済した。決済通貨はその後、オランダ・ギルダー、フランス・フラン、英国ポンドを経て米ドルに落ち着いた。だが歴史が変われば、国際為替市場は次の強力な通貨を探すだろう。いまや為替の専門家たちは、人民元に目を向けている。最近、彼らの仲間がマレーシア政府に対して、弱体化した時代遅れのドル建てではなく、人民元建ての債券を買うよう助言した。湾岸諸国も、それに続こうとしている。

世界の外貨保有高全体に占める、ドルの比率の減少は、米国の影響力の減少を意味する。これは、この夏にフランスやイタリアを旅した米国民が勘定の高さに泣いた、などという問題ではない。重要なのは、ドルが弱まれば弱まるほど、つまり他の通貨の価値が高まれば高まるほど、米国の国際的な重みは減少する、ということである。

もろい通貨を足場に、国際的な力を持つことはできない。たとえば、かつての日本の民族主義者は「富国強兵!」と叫んだ。これを今風に言い直せば、「健全な通貨、影響力のある国!」とでもなるだろうか。

一九四五年の米国は、相対的な力の点で、世界の頂点にあった。他のほとんどすべての国は、戦争で疲弊していた。米国は、世界の金と外貨準備をほぼ独占し、誰もがドルを欲しがった。もはや時代は変わった。だが、依然として米国の消費者は、家具や寝具、庭園用品、玩具、台所用品などを欲しがる。これらはすべて中国製だ。そして米財務省も、依然として債券をアジアで売らなければならない。

要するに、中国に通貨切り上げを迫るのは愚策である。北京は、さらに米国を見下し、実に強力なポーカーの手札をもらって驚くだろう。米国の要請を丁重に断れば、中国の大衆が喜ぶ。人民元を切り上げれば、ドルはさらに弱体化する。これを見て、アジアやアフリカ、中南米の各国政府は、保有外貨のドル離れに着手するだろう。

だが、目下のところ米政府と米連邦準備制度理事会は、聞く耳を持っていないらしい。経済をさらに刺激し、さらにドルを刷り増しするつもりのようである。

だからこそ戦略家と歴史家は、強力な中国通貨と弱いドル、という考え方に深刻な危惧を覚えざるを得ない。それは、ポーカーのチップをすでに自分よりため込んでいる相手に、手持ちのチップを全部与えるようなものだからである。

二〇一〇年九月発表

III

ああ、アメリカ

大使館、売り出し中

世界各国の政府が、平和的な関係にある国々に対して、恒久的な使節、つまり大使を送るようになったのは、米国の歴史家によれば一五世紀初めのことだった。次いで各国は、大英帝国の首都ロンドンや、オスマン帝国の首都コンスタンティノープルなどにも恒久使節を送るようになり、かくして、近代的な国際外交制度が誕生したのである。

大使という存在は、誇り高い国民国家同士のきしみがちな関係を和らげる潤滑油となる。その責務は、自国の立場を他国に説明すると同時に、他国の立場を本国の支配者たちに説明することである。これは、決して簡単な仕事ではない。多くの大使が、国を安売りしたとか、十分に強い言葉を使わなかったとして、本国の好戦主義者たちから糾弾されてきた歴史がある。

とはいうものの、全体として大使たちは、その機能を十分に発揮している。一部の国々からは、ウルトラ級の有能な外交代表が輩出している。大国では、フランスや英国、ロシア、中国、小国ではシンガポールやニュージーランド、オーストリアなどである。

優れた大使は国の財産である。この言葉の実例を探した結果、ジェレミー・グリーンストック卿という名前に行き着いた。サウジアラビア、ドバイ、パリ、ワシントンで働いた後、英国の国連常駐代表となり、三五年間を務めた上で、イラクの連合国暫定当局に、英国の最高位の代表として派遣された人物である。

その後、グリーンストック元大使は、イラクに関する対応をこきおろす本を書き、その一部が守秘義務に反するとして検閲削除された。ただし、この事実は本稿の主題から外れる。大切なのは、ほとんどの国が、経験を持ち訓練を積んだ専門家を外国に送ることである。なぜなら外交は、やはり専門的な業務だからである。

米外交に独自の慣行

では、世界中の国々がいや応なく相手にせざるを得ない、米国はどうだろう。米国の外務官僚には長く高貴な伝統があり、外国の文化と言語に通じた経験豊富な外交官の大きな一団を擁している。

だが、米外交はまた、大統領に与えられた非常に大きな権限に由来する、別の伝統の力からも影響を受ける。それは、すべての大使を任命するホワイトハウスが、職業外交官だけを優遇する義務を負ってはいないことである。

もう一つ奇妙なのは、大統領が退任すると、大使全員も辞職することである。これは外交を顕著に阻害する慣行である。たとえば、将軍や提督も全員辞職しなければならないとしたら、いったいどうなるだろう。

米国の大統領が、時には職業外交官以外の人物を大使に任命する権限を持つことに関しては、それが二国間関係の促進につながる場合には、賛成の声が多い。

カーター大統領が、上院議員を二四年も務めたマイク・マンスフィールドを東京に送ったことは、日米関係が緊張していた当時、賢いやり方だった。クリントン大統領が、羽を逆立てた雄鶏のようなフランスをなだめるため、偉大な米政治家アベレル・ハリマンの未亡人で政治的に鋭敏なパメラ・ハリマンと、ニューヨークで大成した銀行家フェリックス・ロハティンを、相次いでパリに送る決断をしたこともまた賢明だった。特に、二人ともフランス語が得意だったからである。

大使が大統領の友人なら、たとえばホワイトハウスに電話をかけて、「ジョージ、困ったことが起きたよ」と、直接言うのは簡単だろう。そういった大使人事はまさしく、米国と日本やフランスとの関係が特別であることを物語っている。だが、この慣行が、もはや時折のものではなく、常態化したらどうなるだろう。

何十人にも及ぶ政治的任命が、専門的技量ではなく、大統領の選挙活動への大型寄付を理由に行われたら、どうなるだろう。赴任先の国に関する知識が、まったく乏しい人物ばかりだったら、どうなるのだろうか。

そして最後に、連邦議会の休会中に、ホワイトハウスが暫定的に任命することができる、いわゆる「休会任命」の問題がある。通常、あらゆる大使の任命は、上院外交委員会が承認することになっているが、こういう形で上院を素通りすれば、どうなるだろう。

献金の返礼で大使職

いまこの問題を取り上げるのは、ブッシュ大統領が、ミズーリ州出身の著名な実業家で共和党に大型献金をしたサム・フォックスをベルギー大使に任命したことをめぐって、同委員会の民主党重鎮議員とホワイトハウスの間でもめごとが起きているからである。この一件は、大使を政治的に任命する米国の慣行に関する、二つの問題を提起している。

第一の問題は、国内的な党派間の争いが、大使人事を阻んだり傷つけたりする危険である。一部の民主党議員は、この人物が前回の大統領選で、同党候補を中傷するキャンペーンを行った政治団体に献金したとして、大使指名に反対した。最初、ホワイトハウスは指名を撤回したが、その後、休会任命という古めかしい特権の行使を決めた。地元紙によると、いまや新大使は、大西洋を渡って良いという指示を、待ちわびているという。

言うまでもなく、こうした休会任命は、民主、共和、双方の上院議員を困惑させる。米外交に関する憲法上の上院の権限が、大統領の怪しげな手口によって、ないがしろにされたと感じるからである。最も有名な実例は、ジョン・ボルトン**国連大使の任命である。これは、愉快な措置ではなかった。そして上院は、承認拒否という形で、これに報復した。

第二は、共和党への献金に対する返礼として任命された、非職業外交官の現職大使が、これで少なくとも四三人目だという困った事実である。実際に地元紙は、イタリアやドイツ、ＥＵ、ブラジルその他、取るに足りないとは言いがたい国々にいる現職大使たちの同党への献金額を、うれしそうに詳報している。

確かに、良い仕事をしている大使もいる。だが、それにしても四三人とは。その全員が党への献金者で、その多くは外交経験がなかったとは、驚くべきことである。こうした任命を相手国がどう受け止めているのか、想像に難くない。外国政府の多くは、きわめて熟練した外交官をワシントンに派遣している。だが、その見返りは、大金持ちの実業家か、投資家か、不動産王なのである。

この問題の争点は、特定の個人の人格に関するものではない。米国政府にとって外交とは、他の国々を説得し、米国の視点を通じて国際問題を眺めるように仕向けることである。共和にせよ民主にせよ、党への献金の返礼として大使職を与えるかのようなやり方は、その説得能力を強めるのか、それとも弱めるのか、それが問題なのである。

外務官僚は、軍隊や対外援助と同様に、国の工具箱の中にある主要な道具の一つである。そもそも、だからこそ、専門職としての大使が創られたのである。米国のお粗末な慣行は、見たところ、非常に外交的とは言えない。間違いなく、もっとうまい外交が、米国にはできるはずである。

二〇〇七年五月発表

＊ Jeremy Greenstock: *The Cost of War*, William Heinemann, 2006
＊＊二〇〇五年に国連大使に就任したが、上院の承認拒否により、二〇〇六年末に退任した。

数字が物を言う時代

我々の時代は、まさに事実や統計、リスト、データの花盛りだ。言い換えれば、数の時代である。

米国の連邦財政赤字は、マンハッタンのタイムズ・スクエアに掲げられたデジタル表示板が示すように、秒刻みで増加している。毎年、世界の大学の質に関するランキングが発表されると、関係者全員の間で騒ぎになる。大成功した『ギネスブック』は、数字に対する我々の飽くなき食欲によって売り上げを伸ばしている。世界中で最も多数のソーセージを一気食いしたのは誰か。誰よりも遠くまで泳いだのは誰か。世界で最高の金持ちは誰か？

これらの大半は、無害でたわいないものである。誰が一番遠くまで泳いだか、本当に気にする者がいるだろうか。それに我々の大半は、自分の銀行口座を調べている時以外は、統計数字を避けて通るのが普通である。

話の合間に数字を並べたてる政治家や大学教授は、気をつけた方がいい。聴衆の注意力がただちに落ち込むからである。統計数字が詰まった識者の署名記事を見ると、どんなに勉強好きの読者でさえ、読み飛ばしてしまう。

したがって「数字が物を言うのはいつか」に関するこの小論が、危ういことは承知している。だが、私に言わせれば、データが詰め込まれた記事の中にも、熟読吟味に値するものはある。最近、大いに感銘を受けた記事を、解釈を交えて二つほど挙げたい。

それは、「高尚」な政治に関するものではない。したがって、ロシア政府によるエネルギー供給比率の高まりや、中国の防衛予算や、イラク戦争の経費などに関するものではない。それは、どちらかと言えば、普通の人間にかかわる統計や数字である。そして不幸なことに、どちらの記事も、この惑星の社会構造の一部に、深刻な問題が起きていることを示唆しているのである。

激増するアラブ少年たち

最初の記事は、英『フィナンシャル・タイムズ』紙に、ドイツ・ブレーメン大学の社会学教授が書いたもので、パレスチナのガザ地区で爆発し続ける暴力と、この地区で大増殖している怒れる若者たちの関係を探っている。人口統計と欲求不満と街頭での暴力の関係に言及する論者は多いが、その場合、パレスチナ問題の傍証としてやや無頓着《むとんちゃく》に扱われている。だが教授は、この破局的な問題に対して、いくつか真の数字を挙げているのである。

一九五〇年から二〇〇七年までの間に、パレスチナ人家族の高出生率によって、ガザ地区の人口は二四万人から一五〇万人に膨れ上がった。その数字は、年を追って高まっている。パレスチナ人は、恐るべきイスラエルの戦車とブルドーザーは打ち負かせなくても、驚くべき割合でユダヤ人家族の数を凌駕《りょうが》しているのである。

この教授は、もっと驚くべきことも述べている。「米国民がガザの人々と同じ割合で増えていたら、一九五〇年に一億五二〇〇万人だった米国の人口は、二〇〇七年に九億四五〇〇万人に増加していただろう。これは、現人口三億一〇〇〇万人の三倍以上である」と。

だが、それ以上に鋭いのは、次の点である。すなわち、欲求不満で怒りを持ち、失業中の若いアラブ少年たちは、若いユダヤ人の少年たちよりも、はるかに大勢存在する。その数があまりにも急速に増えているため、パレスチナの二大政党であるファタハもハマスも、この行き場のない若者たちの動きを、うまく制御することができない。しかも悪いことに、その事実をパレスチナの政策立案のトップたちが認めている、というのである。

もしこれが本当なら、米国やEUの和平努力は、すべて無に帰すだろう。数字が物を言うのである。そして、これから何十年かの間に、この事実を誰よりも体感するのはイスラエルだろう。

米国の囚人、恐るべき数

私の注意を引いた、数に関する二つ目の記事は、米『カトリック労働者』誌の六～七月号に掲載されたものである。同誌はあまり知名度がないが、六〇年以上前に創刊された米カトリック信者たちの雑誌である。そして問題の記事は、マスコミが飛びつくことがないという点で折り紙付きのテーマ、囚人に関するものである。

この記事には「二一九万三七九八を超え、増えている」という題がついている。この数字は、二〇〇五年時点の米国内の囚人の数である。ロンドン大学国際刑務所研究センターが提供した数字によると、米国の囚人の数は、中国の一五〇万人や、米国の良き友であるプーチン政権下のロシアの同八七万人を大きく引き離して、世界第一位である。人口比で米国の囚人数は、欧州の友邦諸国の大半よりも七、八倍多い。

そして米国の囚人の絶対数は、一九九〇年代初め以来、二倍に増えている。特に、黒人やラテン系その他、少数民族の男性を投獄するのが得意である。記事によると、ニューヨーク市の最も有名な刑務所、ライカーズ島では、「住民の九〇%以上がラテン系と黒人」である。

虐待《ぎやくたい》と軽視と冷遇が頻発している。その対象には、だからといって虐待などを正当化することはできないが、少数の殺人鬼だけでなく、普通の米国市民である他の多くの囚人が含まれている。

これらの数字は、別の面でも大きく物を言う。たとえば、ニューヨーク州では囚人に投票権はないが、州内の田舎の選挙区では、人口に囚人数が加算されている。「少なくともニューヨーク州の七つの上院議員の選挙区では、人口が必要な数に満たない。囚人が人口として加算されなければ、選挙区の線引きをやり直す必要がある」と、この記事は言う。これは醜聞である。だが、誰も気にかけていないらしい。

道理で、テロ容疑者を収容している米軍グアンタナモ刑務所*がひどい状態に陥ったのも、驚くには当たらないのである。

こうした気の重くなる数字に直面した時、私はぼうぜんとせざるをえない。二〇二〇年のガザ地区の若者人口はどうなるのか。そのころには収容者数が三〇〇万人か四〇〇万人になっているはずの刑務所制度を、米国はどう運営するのか。私には見当もつかないからである。

同じように、地球温暖化に関する多くの報告書や、今世紀の中ごろまでにアジアが興隆して世界経済を席巻するという報告書が持つ意味も、正直に言ってよく分からない。付言すれば、こうした様々な統計的傾向や予測の意味を正確に知っていると主張する人々に対して、私はかなりの疑念を抱いている。

それでも数字には、確かに、何らかの意味がある。だからこそ私は、米国の刑務所に関してにせよ、刑務所同然のガザ地区に関してにせよ、統計数字の束を含むニュース記事に出合った時、自動的に目をそらしたり、次の記事に移動したりすることができないのである。時として数字は、間違いなく物を言うからである。

二〇〇七年七月発表

＊収容所内での拷問などが国際問題となり、オバマ大統領は閉鎖を掲げているが、進展していない。

領土と力――常に大きいほど良いわけではない

何千年にもわたって歴史家と戦略家は、小さいがよく組織された力の集団が、その実際の規模とはまったく不相応に大きな影響力を発揮する場合があることを見てきた。たとえば、古代アテネを囲む城壁の大きさは、シチリアからエジプト、そして北方の黒海まで広がる、途方もなく大きなギリシャ人の影響圏と、まったく不釣り合いのものだった。

それから何世紀も後のポルトガルやオランダ、そして英国も、国土の広さで言えば地理的な小人だったが、それをものともせず、西暦一五〇〇年から一九〇〇年にかけて、地球上のほとんどの場所に足跡を記した。そして今日の世界では、シンガポール、香港、ドバイなどが、たとえばジェノバやロングビーチなどの単に繁栄する普通の港湾都市とは異なり、自分の規模を大きく上回る力を発揮している。やはりそこには、歴史的、地政学的な理由がある。

	土地面積（km²）	人口（2007年）	人口（2050年予測）	耕地面積（ha）
オーストラリア	7,686,850	20,434,176	28,041,000	50,304,000
ブラジル	8,511,965	190,010,647	254,085,000	57,640,000
カナダ	9,984,670	33,390,141	42,754,000	45,810,000
中国	9,596,960	1,321,851,888	1,408,846,000	137,124,000
EU	4,324,782	490,426,060	664,183,000	不　明
インド	3,287,590	1,129,866,154	1,658,270,000	160,555,000
ロシア	17,075,200	141,377,752	107,832,000	124,374,000
アメリカ	9,826,630	301,139,947	402,415,000	176,018,000

表1　8つの政治的単位の基礎統計

広さ、人口、耕地面積のバランス

だが、規模が極小なら力も微々たるものになる、という宿命など存在しないとすれば、規模の大きさもまた、国力と影響力の非常に優れた指標ではないのかもしれない。おそらく、大きければ必ず偉大になる、とは言い切れないのではないだろうか。そこで、以下のような基礎的数字について考察したい。世界で最も広大な八つの政治的単位の、土地の広さ、現在と将来の人口、そして耕地面積である（表1参照）。

さて、地理的な広がりだけが相対的な国力の単純な尺度だとすれば、ウラジーミル・プーチン政権下のロシアは、巨人のように世界を股にかけているはずである。だが、そうではない。それどころか、ロシアにとっての問題は、土地を持ちすぎていることである。凍土に覆われた何百万平方キロメートルもの土地、いわゆる「シベリアの呪い」である。

それを一回り小さくした形で、カナダも同じ運命を被っている。国土の多くの場所は、普通に住むことができない。もしカナダが温順な気候だったなら、米国のたった九分の一ではなく、同じくらい大きな人口を収容していたかもしれない。そして地球の反対側のオーストラリアもまた、同じように、「たいていの場所は住めない」という特徴を持っている。

水がなければ、人も動物も作物も生き延びることはできない。それでもなお、カナダとオーストラリアは、これから半世紀の間に、その無人地帯における着実な人口増加が期待できる。これは、ロシアの恐るべき人口低下と対照的である。この二つの元英国植民地は、土地は広いものの、地理的な制約によって、控え目な人口と政治的影響力を余儀なくされている。ロシアも途方もなく広いが、その広さに災いされ、人口の急激な縮小によって大きな制約を受けている。

明らかにこれと対照的なのが、中国とインドである。両国とも国土は広いが、大平原と長い河川流域、そして多数の山間部に、合わせて世界人口の四〇％が暮らしている。そしてインドの総人口は、先の一覧表から分かるように、おそらく維持困難な、警戒すべき比率で増大している。これに加えて、利用可能な耕地面積を勘案すれば、今世紀中ごろまでに、アジアの二つの巨人の前途は暗くなる。ありていに言えば両国とも、現在の人口が半分になった方が強くなれるだろう。ここでもまた、広さ、人口、耕地面積という三本の足を持つ椅子のバランスは悪く、揺れたり、ひっくり返ったりするかもしれない。

米国の地政学的な強み

かくして、残された興味は、EUとブラジルと米国である。地政学的に見て、欧州の相対的な強さ、ないしは弱さを評価することには、常に困難が伴ってきた。それは、当初のEU参加六ヵ国の時も、その後の一八ヵ国や二三ヵ国の場合でも同じである。参加国の追加は、必ずしも力の追加を意味するわけではない。欧州の一部の諸国は深刻な人口低下に悩まされているが、着実に増加している国もいくつかある。食糧供給に関して言えば、この地域は全体として自給自足であり、余剰を持つ場所もある。十分に豊かで居心地が良い。何か予測できない災害や政治的愚行でもない限り、大きく後退することはないだろう。

私の見るところ、ブラジルは「眠れる国」である。都市と田舎の貧困水準は、ぞっとするほど高い。社会の網の目はバラバラで、環境はひどく痛めつけられている。にもかかわらず、大きな地理的広がりと、現在ならびに将来の人口規模、そして利用可能な耕地と水資源の総体的なバランスで言うと、ブラジルは比較的に健康で維持可能に見える。二〇世紀を通じて多数見られたような、悪質な政治と下劣な政策によって、コースがまったく変わってしまう可能性もある。だが、全体的に眺めてこの国は、天与の強さを持っているように見える。

最後に残るのは米国である。私が以前のコラムで数多く指摘してきたように、この国は近年、繰り返し自分を傷つけてきた。賢明ならざる、いや、まさに愚かな諸政策があった。過剰な連邦政府赤字、社会と教育の構造の劣化、たとえばハリケーン「*カトリーナ」への対応のような、官僚の非効率、不必要な外交的傲慢さ、そして、善悪二元論で追求する、海外での軍事的な怪物退治があった。

米政府は、国内では力を発揮せず、地球の向こう側では力を発揮しすぎる。だが、これは確かに大きな「もしも」だが、もしこうした欠点をすべて度外視して、広さと人口と食糧供給という三つの要素だけを方程式に入れれば、米国の相対的な位置は、この上なくバラ色である。おそらく、それよりもっと良い数値が得られるのは、たとえばニュージーランドだろう。だが、この国は小さくて孤立している。それに比べて米国は、はるかに大きな規模で、この、天与の強力な三本足を保有しているのである。

それなのに、本当に米国は「相対的に衰退」しているのだろうか？

その通りである。地球規模の経済的バランスは、欧米からアジアに傾きつつある。それに伴って、軍事・戦略的な力のバランスも動いている。このことを否定するのは、愚か者だけだろう。だが、はたして米国の衰退は、決定的なものになる運命にあるのだろうか。たとえばローマ帝国やスペイン帝国を圧倒したような悲しむべき立ち腐れを、米国は経験しているのだろうか。いや、まだ望みはある。

もちろん、どんな時代でも、一連の誤った政策が米国の政体をひどく傷つけるのは確かである。だが、依然として米国は二つの大洋に守られている。隣接するのは、脅威をもたらさない二ヵ国にすぎない。そして、広さと人口と農業生産に関して、世界で最良のバランスを保持している。これらの基本的な地政学的要因が米国に対して、現在と将来の愚行を補ってくれるような、多くの強みを与えているのである。

広さにせよ人口にせよ、大きいことそれ自体が、大国になること、大国であり続けることを保証するわけではない。だが、大きな資源と好ましい地理的位置に加えて、知性的な戦略管理者を持ちさえすれば、その助けを借りて、米国は非常に長期にわたり頂点に立ち続けることができるだろう。永遠に、とは言えない。だが、現在の諸政策がもたらすものより長いのは確かである。

二〇〇八年四月発表

*二〇〇五年八月にアメリカ南東部を襲ったハリケーン。ルイジアナ州やミシシッピ州に甚大な被害を与えた。

米国のソフト・パワーは蘇るのか？

祝福された「ブッシュ時代の終焉」

今回の米国大統領選挙でのバラク・フセイン・オバマ候補の歴史的勝利に関しては、言うべきことがたくさんある。そして、多くのことが言われている。この選挙結果を説明する仕事には、現在の米国社会の変容を見事に分析できる人の方が、私よりもはるかに適任だろう。しかしながら、文句のつけられない大勝利の翌日、米国以外の国の人々がオバマ氏に対して示した驚くべき反応を調べた時、私は、もっと考えてみたい気持ちになったのである。

この人物が地球全体に与えた確かな魅力は、米国が他の諸国を説得する能力にもまた、実際に大影響を及ぼすのだろうか。各国を米国の主導に従わせること、ワシントンが求めているが、国際社会の他のメンバーは必ずしも熱心ではない諸措置に、各国を同意させることができるのだろうか。「メイド・イン・USA」の諸政策は人類全体にとって良いものだと、諸外国の政府と国民に納得させることができるのだろうか？

なぜなら、まさにこれが、一九九〇年代初めにハーバード大学のジョセフ・ナイ教授が最初に系統的に論じた、「ソフト・パワー」という言葉の定義だからである。ナイ教授は言う。現実主義学派は、あまりにも長きにわたり、あまりにも重点的に、軍事力と経済・金融力という「ハード」な拳骨《げんこつ》に焦点を当てすぎてきた。そして、他の諸国よりもうまく「友人を勝ち取り人々を動かす」ことができる国が持つ特色、という側面を無視してきた。魅力的な生活様式、訴えかける文化、国際世論に対抗するのではなく、それとともに、ないしはその先頭に立って進んでいく能力。これらは、利口な外交や堅実な財政、あるいは大型の航空母艦さえもしのぐような、潜在的な有用性を持つ、国の道具の一つなのである。

ナイ教授がこの考えを発展させたころ、米国が「ソフト・パワー」に該当するものを多数保有していたのは明らかである。ナイ教授の挙げた、ハリウッドや音楽テレビ局ＭＴＶ、米国の若者文化が、崩壊したソ連や自由のない中国よりも、はるかに大きな魅力を世界中に振りまいていたのは確かである。

しかも、当時の世界の大部分は、民主主義や法の支配、経済的自由主義、等々、かつて米国の建国の父たちが指し示した方角に向かって進んでいた。それは、米国の衰退について書いてきた学者たちを困惑させてもいた。軍事力、経済力、そしてソフト・パワーという米国の三本足が、この共和国を、まだ何世代にもわたって世界の頂点に置き続けるだろう、と見られていたからである。

そこに登場したのが、ジョージ・W・ブッシュ、ディック・チェイニー、ドナルド・ラムズフェルドの三人組と、新保守主義者「ネオコン」の主張である。軍事的行動主義、理念の強調、一部の基本的人権の無視、「テロとの戦い」に対する偏重、そしてジョン・ボルトン国務次官に代表される病的な多極主義嫌いなどの、いわば偏見の塊。これらを、コリン・パウエルやコンドリーザ・ライスらの共和党穏健派は、ほとんどたしなめることができなかったのである。

米国ピュー財団の地球規模の世論調査をはじめ、あらゆる種類の国際世論調査でブッシュ政権は、近年の歴代米政権のうち最も不人気な存在となった。当然のことながら、米国の「ソフト・パワー」は崩壊した。ホワイトハウスが他の諸国を説得し、米国が最良と考える政策を行わせる能力は、打ちのめされた。9・11同時多発テロ事件の後に生じた世界中の同情は、伝統的に最も米国に友好的な諸国や、最も米国に依存する諸国においてさえも、着実に消滅していったのである。

そして先週、「ブッシュ時代」の終焉《しゅうえん》を、世界中が一緒になって喜んだ。このことは、リンカーンやウッドロー・ウィルソン、フランクリン・ルーズベルト、ジョン・F・ケネディたちの国が、過去八年の間に、どれほど国際的な嫌われ者になったかを、如実に証明していた。

国益と世界の利益の融合を

しかしながらソフト・パワーは、おそらくそれ自体の性質として、流動的なものである。そして確かに、たとえば軍事・戦略的な力の長期的な低下よりも、調整と修正がしやすいものである。ここから、最初の興味深い疑問に立ち戻る。バラク・フセイン・オバマの大統領選勝利は、米国の世界的地位を支える三本足を、元に戻してくれるのだろうか。政治的、理念的な魅力という、測定はできないが偉大な優位をもたらす第三の「足」を、返してくれるのだろうか?

遠く広くから伝えられるメディア報道によって判断する限り、答えは、紛れもない「イエス」である。あの、常に息せき切って突進し続けるニコラ・サルコジ仏大統領も、予想通り、「あなたの当選は、フランス、欧州、そして世界各地において、莫大な期待を喚起する」という電文をオバマ氏に送った。もちろん、このフランスからの祝意が正直なものだったとしても、ホワイトハウスの次の住人は、これを用心しながら受け取った方が賢明だろう。

オバマ氏との深いつながりを主張するアフリカとインドネシアでは、どこも祝賀ムード一色だ。『ニューヨーク・タイムズ』紙は、ベネズエラの首都カラカスに住む二十四歳の本屋が、「また米国に好感が持てるようになったのは、素敵なことだ」と語ったことを紹介している。

こうした波及効果に直面して、自由で開かれた選挙を許容していない諸政権は明らかに動揺している。逆にその政敵たちは、この、開かれた民主主義の驚くべき実例に勇気づけられている。イスラム強硬派のハマスやイランの原理主義者など最も頑固な連中でさえも、教祖ムハンマドの子孫「フセイン」をミドル・ネームとするオバマ氏を、偏見に凝り固まった根っからのイスラム教徒嫌いとして糾弾することは難しい、と思うだろう。

だが、オバマ氏が国際的な好意だけに頼って、米国に有利な政策を推進しようとすれば、それは、ハイオク・ガソリンではなく熱い空気で車を走らせようとするようなものである。そして「ハネムーン効果」は、すぐに終わるだろう。次期米大統領に必要なのは、世界中の実に様々な場所で、人々が何を期待して彼に大きな好意を寄せているのかを、明確に認識することである。

アフリカの人々は、その悩み多い大陸に、オバマ氏が継続的な関心と真の援助を与えることを期待している。中南米では、彼が貿易と移民に関して寛容な政策を維持し、キューバとの行き詰った関係を緩和し、南米大陸に真の敬意を払うことを、誰もが望んでいる。欧州やカナダ、オーストラリアは、環境保護や反保護貿易の誓約を含め、国際的な諸機関と諸条約に対する米国の義務を、彼が真剣に受け止めることを渇望している。そしてアラブ穏健派は、彼がパレスチナ人に対して「リップ・サービス」以上のものを提案することを期待しているのである。

これらすべては、言うは易く、行うははるかに難しいものばかりである。米国の有権者に対する何らかの選挙公約と、海外で獲得したもっと大きな「票田」の意向との間の、妥協を要するものばかりである。そのことは、オバマ氏も分かっているに違いない。それでもなお、米国のソフト・パワーを本当に回復したいと思うのなら、諸外国の人々が熱望している何かを、世界に提供することから始めるべきだろう。もちろん、全部を一度に、ではない。見た目が好ましく賛成を得やすいもの、そして地球規模の多くの懸念や不満を鎮めることに役立つものから始めれば良いだろう。

ここで、彼の先輩大統領であるウッドロー・ウィルソンやフランクリン・ルーズベルト、ジョン・F・ケネディなどの論法と実際の政策を綿密に調べることは、大いに役に立つはずだ。なぜなら、彼らの政策を研究する歴史家たちが言うように、これらの偉大な「国際派」政治家たちは、米国の「国益」を追求すること以外、何もしなかったからである。彼らに共通するのは、自分の国にとって良いことと、世界にとって良いことを、少なくともその大きな部分を、うまく融合させるための機知と英知を持っていたことである。

彼らは、世界中の何百万もの人々を説得して、米国の誓約と判断と指導力の確かさを信じさせ、ひいては、ホワイトハウスから発する改革案を、もっと真剣に受け取るようにさせたのである。要するにこれは、まさに「ソフト・パワー」の為せる業である。

だがそれは、「ソフト」であるがゆえに、消滅するのも早い。どちらかといえば憂慮を抱えるこの世界の大きな部分が、オバマ大統領の登場を、希望を持って待ち受けている。彼らの多くは理性的である。就任後の「最初の百日間」に奇跡が起きるとは思っていない。だが彼らは、オハイオ州やフロリダ州の有権者たちと同様に、じっと座って判定を下している。この「新人」に対して「疑わしきは罰せず」の態度で臨む用意があるものの、それは永遠にではない。おそらく、長くはもたないだろう。そして人生と政治における多くの事柄と同様に、米国のソフト・パワーを回復しようとするオバマ氏の試みにもまた、任期という限界が伴っているのである。

二〇〇八年十一月発表

*二〇〇八年十一月四日の大統領選で、共和党のマケイン候補を下し、当選した。

そして直面する現実の世界

最優先の二分野

少なくとも私が観察する限り、実に明白になったことがある。それは、バラク・オバマ次期米大統領の新チームが、いかにスマートで経験豊富で素晴らしいとしても、喜んではいるが心配な米国民と、同じくらい心配だが希望を抱く海外の無数の人々から寄せられる、あらゆる好意と期待を満足させることはおそらくできない、ということである。

この次期大統領は、演説の面では大胆で高揚感があるとともに、内省の面では慎重さと熟慮と警戒心を持っている。これは、偉大な指導者となり得る資質である。しかしながら、それと同時に彼は、米国と世界が二〇〇九年に入ろうとするいま、一連の驚くべき問題と挑戦に直面している。それらに優先順位をつける必要がある、ということもまた学ぶべきだろう。全員に全部を与えることはできない。あらゆる期待に応えることはできない。地球上のすべての病を治療することはできない。焦点を定めなければ、道に迷うだろう。

オバマ政権がただちに焦点を当て、それを維持しなければならない分野が二つある。まず、米国の経済と、相互に結びついた地球規模の金融・通商ネットワークを救済し回復させるために、大きなエネルギーを割く必要がある。そうした回復がなければ、我々全員が深刻な状態に陥る。とはいうものの、ワシントンが経済問題だけに集中することはできない。地球規模の政治にも大きな関心を向けなければならない。それは、台頭する過敏な中国との関係や、過敏でますます弱体化するロシア、南アジアの火薬庫、恐るべきアラビアの地雷原などである。

かくして我々の新大統領は、アダム・スミスの市場原理とジョン・メイナード・ケインズの公共経済政策を片手に持ち、もう一方の手にはクラウゼビッツ*の戦争論とハルフォード・マッキンダー卿の地政学を持って、未来へと進まなければならないのである。

ないがしろにされる四つの争点

だが、米国の社会経済的な回復計画と地球規模の経済、そして大国間の地政学が、オバマ大統領の一期目の政策の中心にあるとすれば、二期目に先送りし、とりあえずないがしろにしなければならない争点には、何があるのだろう。善意に満ち、途方もなく楽観的できわめて人気のある新政権にとって、重要だというリップ・サービスを提供する一方で、大きな関心や資源を振り向けないで済むようなものは何なのだろうか?

候補は山ほどあるが、紙数が限られているので、次の四分野だけに絞ろう。これらは、主唱者にとってはどれほど重要でも、オバマ政権の議題の上位にはなりそうもない。このすべてが重要だと私は思っているが、どれも大きな関心は得られないだろう。もし私が間違っていたら、何とも素晴らしいことである。

その第一は、中南米である。私がいつも驚かされてきたことがある。それは、米国が西半球の他の部分に対して、ほとんど注意を払わないことである。特にひどいのが南の隣国メキシコに対してだが、ブラジルやアルゼンチンなどのきわめて重要な国々に対してもまた、態度は同様である。近年、この三ヵ国すべてを私は訪問したが、北方にいる「ヤンキー」の親戚を相手に、丁重で均衡のとれた関係を持ちたいという渇望が、南米大陸を広く覆っているのが感じられる。だが、ワシントンの側が、一回か二回の形式的な大統領訪問を除いて、大きな関心を払うだろうか。私は疑問に思う。我々米国は、中南米を軽視している。その固定観念からオバマ氏が脱することができれば、それは驚くべきことだろう。

第二は、アフリカである。こう言うと、奇異に聞こえるに違いない。新大統領の選挙キャンペーン中のあらゆる発言は、彼の家系のルーツであるアフリカ大陸の運命を、いつも心から気にかけていることを示唆していたからである。たぶんそうだろう。だが、新政権はアフリカを助けるために、具体的、系統的に何ができるのか。これは、かなりの難問である。最良かつ最も直接的な支援は、コーヒー、ピーナッツ、ゴム、石油、硬材、硫黄などの国際商品の、急激な価格上昇を企てることだろう。それはアフリカからの輸出の停滞を逆転させ、彼らに外貨を供給し、雇用を守るだろう。だが、現在の世界的な不況下で、そんなことは無理だろう。しかも米国にとっては、国際商品価格は低い方が良い。あまりにも多くを輸入しているからである。

現在、戦争に引き裂かれた地域の絶対的な広さは、おそらく欧州の二倍にのぼるだろう。もしそこに、オバマ政権が奇跡的に平和と治安をもたらすことができれば、これもまた素晴らしいことである。米国以外に、それができる外部勢力は、おそらく存在しない。あらゆる兵站支援の下に、二五万人の米兵を一〇年間派遣すれば足りるだろう。その可能性はあるのか。そう、豚も空を飛ぶかもしれない。だが、新政権の二、三年後の目玉政策の中で、中央アフリカはどれほど下位に置かれているか、見ものである。私は冷笑的なのではない。現実的なだけである。将来、ウクライナか台湾に関連して大きな危機が訪れたら、アフリカ担当国務次官が次に大統領と話せるのはいつだろう。大統領がその気になるだろうか。

第三は、国連とブレトンウッズ体制の改革である。これも、幸運を祈るしかない。この新世紀に入って、一九四四年と四五年にできた国際的な経済・金融と政治・安全保障の枠組みが時代遅れであるのは、誰の目にも明らかだ。実際、おそらく一九八〇年ころには時代遅れになっていたのである。国連では、加盟一九二ヵ国のうち五ヵ国だけが、常任理事国と拒否権の特権を持つ。だが、そのうちの英国とフランス、そしてはっきり言えば、プーチン大統領の虚飾の村であるロシアの三ヵ国は、長期にわたり相対的な衰退を続けている。この地球規模の安全保障システムは、いまや愚にもつかない存在と化している。

だが、常任理事五ヵ国は、自分の権利を放棄する気などない。最低限できるのは、インドとブラジルが、彼らと同じ上席に加わるのを認めることである。だがこれも、新しいホワイトハウス・チームの「すべきこと」リストの、目立つ場所にあるはずはない。同様に、ワシントンのお膝元の、「第一四北西通り」に格好良く位置する世界銀行とＩＭＦに関しても、内部の力の均衡を大きく変えるつもりはない。米国は、ブレトンウッズ体制の現状維持が好きなのである。

新大統領は、世界銀行が地球上の六〇の最貧国を支援することを、間違いなく奨励するだろう。そして、ＩＭＦがアイルランドに優しくするよう後押しするだろう。だがこれらは、高い値札の商品ではない。そしてこの他の、平和維持活動の協力強化、開発技術の改善などの国連改革は、確かに良いことだが、取り立てて言うほどのものではない。

第四は、欧州とEU、そして大西洋越しの関係一般である。こう言い切ると、ベルリンやローマ、ロンドン、そして例によってパリなどから、興奮した声が返ってくるかもしれない。だが、**ベルリンのブランデンブルク門に集まった二〇万人のファンの群れをはじめとする、汎欧州的なオバマ熱に対するお返しはあるのだろうか。欧州を、米国の将来の外交政策と戦略の指標と見なしてくれるのだろうか。私には疑問である。

米国は、こう思っている。欧州は、まあ、いまのままで良い。中国やロシア、中東、イランなどのような問題児ではない。軍事と戦略の分野では、ますます役に立たなくなっている。経済協調の面では間違いなく重要だが、ワシントンよりもニューヨークから働きかけた方が良い、と。簡単に言えば、今後、永続的で堅固な米欧関係に関するお世辞は、たくさん聞こえてくるだろう。だが、欧州がオバマ氏に寄せる異常に高い評価が、欧州に対する同等の評価をもたらすことはないだろう。なにしろ新大統領には、もっと大事な仕事があるからだ。

かくして、識者たちの見立ては正しい。米国の経済を救済し、地政学的な秩序を維持することが、オバマ新政権の二つの最優先政策となるのは間違いない。その他は、たとえアフリカや中南米、欧州、国連などの重要な分野でさえも、少し後回しになる。前世紀中ごろの素晴らしく冷静な仏外交官たちだったら、これを理解してくれただろう。当時の大政治家ピエール・マンデス＝フランスは、こう言っている。「統治、それは選択である」と。そう、この言葉は常にあてはまるのである。

二〇〇八年十二月発表

＊一九世紀前半に活躍したプロイセンの軍人。一八三二年発表の『戦争論』が有名。
＊＊二〇〇八年七月、民主党の大統領候補だったオバマは、ブランデンブルク門近くの戦勝記念塔で演説を行い、二〇万人の聴衆が集まった。

称賛すべき大統領の「慎重さ」

イラン情勢を手助けできるか

「なんたることだ！」と、オバマ大統領が共和党から攻撃されている。いま起きているイランの政治的混乱の真っただ中で、反政府派の抗議活動に対するイラン政府の強力な弾圧を声高に非難しない大統領は、あまりにも「愚図で受け身」だというのである。

自由世界の指導者と目され、しばしば自らそう宣言している米国が、イランで行われていることを真っ先に糾弾しないでどうする。野党指導者が逮捕され、公然たる抗議活動が暴力で圧殺され、外国人記者が国外追放にされているというのに、なぜ、そんなにまで慎重なのか。自由の国アメリカが、なぜそんなに優柔不断なのか。大統領の最も強い言葉は、六月二十三日の記者会見のものだと報じられているが、それをよく読むと、まさに遠回しの典型だ。もうすぐ我々は、あの忌まわしい「宥和《ゆうわ》政策」という言葉が現れるのを覚悟した方がいいのかもしれない。

だが、ちょっと待ってもらいたい。実は、ホワイトハウスの狡猾な態度は理にかなっているのである。その理由は二つある。そう、まさに二つの水準において理由がある。

第一は実務的なものである。そもそもイランの情勢を混乱させるのではなく、手助けになることを、米国が何かできるのだろうか。答えは、「何もない」である。コネチカット州選出のクリストファー・ドッド上院議員が賢明にも指摘したように、ワシントンにできる最悪のことは、疲れ果てたイラン当局に対して、これは米国主導のデモによる米国主導の反対運動だ、と主張する口実を与えることなのである。

自国の歴史に少しでも詳しい米国民なら、言わんとすることが分かるはずだ。南北戦争が勃発した時、様々な欧州人が、北を応援すると言ったり、南のために介入すると言ったりした。だが、そうした考えは幻想に他ならなかった。当時の米国民は、自分たちの手でけりをつける覚悟だったからである。そしていま、イラン人も自分たちで決着させようとしている。一年か二年かかろうと、あるいは一〇年かかろうと。米国がペルシャの水に手を突っ込んで掻き回して濁らせることは、何の意味もない。

騎兵隊幻想は惨事のもと

ここから、もっと大きな観点が導かれる。米国は多くの問題を抱えているものの、地球上のほとんどの場所で介入できるだけの、巨大な余力を持っている。米国が世界の政治的中心として欧州を追い越した一九一七年ころから、ずっとそうである。この年に米国は、第一次世界大戦に断固として介入した。そして再び、もっと断固たる決意で、第二次世界大戦にも飛び込んだのである。

だが一九四五年以降、米国の大戦略は、興味深い形で根本的に変化した。最後に参戦して新鮮な戦力を提供する超大国ではなく、その反対の役割を選択した。そして、ベルリンや地中海、朝鮮半島、東南アジアなどの国境線で新たに拡大した情勢不安に対処するため、最前線に兵力を配置した。英軍と仏軍が撤退するにつれて、仲間の米軍が前進したのである。

あたかも「平均化の法則」でもあるかのように、米国の前進には、トルーマン・ドクトリンやNATOの創設、朝鮮戦争への介入など理にかなったものもあれば、ベトナムやイラン、中米などへの愚かな介入もあった。だが、これだけは言える。時が経つにつれて、米国も諸外国も一様に、こう考えるようになった。国際的な危機が発生した時、主要な決定を行う場所はワシントンであり、そこから物事は発し、そこが最後の拠り所になる、と。

かくして、世界のどこかに米国が戦略的関心を持たない場所がある、などということは、およそ考えられなくなった。どこかで展開されている政治的な混乱を目にしながら、米大統領が意見を述べたり、決定的な政策を提案したりしないことなど、想像もできなくなっていった。奇妙な組み合わせだが、米国の不倶戴天《ふぐたいてん》の敵も最も熱心な味方も、一様に、米国が最前線にいるのは当然だと思うようになったのである。

だが、米国は常に地球規模の騎兵隊を率いて、どこか遠い場所での介入に突進するべきだという信念は、私の意見では、幻想であると同時に惨事のもとである。そうした信念は、イランがイスラエルを核攻撃するかもしれない、北朝鮮が日本を核攻撃するかもしれない、タリバンがヤンキー・スタジアムを吹き飛ばすかもしれない、などといった最悪のシナリオを、常に想定の前提としている。だが、迫りくる惨事を想定し、それに備えて市民社会を恒常的に組織することなど不可能である。我々は、ナチの大空襲を受けている真っ最中の英国ではない。ナチの上陸用舟艇《しゅうてい》が、英国海峡の向こう側で組み立てられているわけではないのである。

ただし我々は、少数だが、常軌を逸した不安定な政権が存在する世界に生きている。米国にとって、火薬が湿らないように維持し、監視・対応能力を高く保つことは、もちろん賢明だろう。しかしながら、ディック・チェイニー前大統領たちの一派がなんと批判しようと、オバマ大統領がそうした危険を理解していない、という兆候は見られないのである。

米国が声高になる必要はあるか

さらに、一見したところ、こうした批判派に欠けているものがある。それは、ならず者諸国の不快で奇怪な行動によって、米国よりも直接的な影響を受けている重要な第三者が現地には存在する、という事実に関する理解である。たとえば、愚かにもロシアのプーチン政権が次の冬に、エネルギー供給をめぐって西側の近隣諸国を脅迫するなら、EUがそれに対処するべきだろう。もしパキスタン情勢が悪化すれば、より大きな懸念を持つのは、インドやロシア、中国、サウジアラビアその他の近隣諸国ではないだろうか。もし北朝鮮が内部崩壊すれば、最も直接的な影響を受けるのは、韓国を別にすれば、間違いなく中国ではないのか。なぜ米国が真っ先に声を上げ、最初に行動し、最初に対応する義務を感じなければならないのだろうか?

一八七〇年代から八〇年代にかけて、バルカン半島では繰り返し動乱と局地戦争が発生し、ロシアが介入を威嚇すると、オーストリアが対抗介入を宣言した。だが同時に、偉大なドイツ宰相ビスマルクの意向を、誰もが知りたがっていた。彼の政策は、口を閉じておく、という非常に賢明なものだった。なぜなら、それによって他の国々が疑心暗鬼に陥り、より慎重になったからである。これに加えてビスマルクは、毎年、プロシア軍の新たな増強を許可した。これは、国際的な自制と、静かな軍事増強の組み合わせだった。それが功を奏したのである。

こうしたビスマルク的な自制は、いまの米国ではおそらく不可能である。興奮した討論番組の司会者や無責任な連邦議員たちが行動を求めて騒ぎ立てるため、ホワイトハウスの政治顧問たちも大統領に対して、もっと断固たる姿勢を示し、もっと声高に発言するよう促す結果になるからである。

だが、いまは、オバマ大統領がイランに関して「より決定的」になるべき時ではない。米国が決定できることは何もないからである。むしろいまは、歴史上の偉大な前任者の一人、セオドア・ルーズベルト大統領の政策を想起するべき時だ。「穏やかに話せ。だが大きな棍《こん》棒《ぼう》を持て」

二〇〇九年六月発表

鉄道ファンからの将来提案

日欧に著しく劣る米国の鉄道

効率的な鉄道をはじめ、賢く運用される大量交通機関は、その国の文明だけでなく、多くの場合、社会・経済組織の水準をも示す、控え目ながらも気の利いた指標である。私は、世界で最初に蒸気機関車を発明した英国のスティーヴンソン兄弟と同郷だけに、特にそう思うのかもしれない。

その私にとって、気が重くなる記事があった。中国の超高速列車「和階号」の運行開始を報じた、二〇〇九年十二月二十七日付の英紙『フィナンシャル・タイムズ』である。この「武広高速鉄道」は、広州と武漢の間の一一〇〇キロを、なんと三時間半足らずで結ぶという。

中国は二〇二〇年までに、実に延長一万八〇〇〇キロもの高速鉄道網の建設を計画している。そうなれば中国は、日本やフランスやドイツの新幹線を、一気に追い越すことができる。中国は、市民の抗議や表現の自由を抑え込んでいるのと同様に、見事な目的意識を持って、鉄道や港湾、高速道路、あるいは新都市や原子力発電所の開発を行っているように見える。

もちろん、私が落胆した理由はこれではない。開通式に招かれた外国人の一人である同紙記者が、その「和階号」は日本やフランスの新幹線の最高時速を上回る、平均時速三五〇キロを達成したと述べた後、こう付け加えたからである。「米国ではアムトラック鉄道のアセラ特急が、ボストンとニューヨーク間のたった三〇〇キロを行くのに、ゴトゴトと三時間半もかかる」

そう、それでもアセラは「特急」である。しかも、米国の東海岸の一部でしか走っていない。旅客の大半は、もっと遅い列車や、さらに遅いメトロ・ノース線を利用する。車両の大混雑とひどく揺れる乗り心地は、インド北部の平原を走っている気分にさせられる。だが、それでも幸運である。まったく鉄道網を利用できない状態に置かれている国民が大勢いるからである。

日本や欧州と比べて、ひどいものだ。たとえば、私が研究休暇で英国のケンブリッジに行った時には、一時間に二本のロンドン行き直通列車があり、所要時間は四五分足らずだった。中心部のキングスクロス駅で降り、地下道を通ってセントパンクラス駅まで歩き、一時間に一本の欧州新幹線「ユーロスター」に乗れば、二時間少々でブリュッセルかパリに行くことができる。

最近、そのユーロスターで故障が続き、国民や政府関係者が怒り狂った。ただしそれは、通常は順調に運行されているせいである。

また、日本の新幹線に乗れば、朝方に東京を発ち、昼ごろに京都で昼食や散歩を楽しみ、夕方には東京に戻ることができる。いまや中国が、この仲間入りをしかけている。その後に続くのは、おそらく湾岸諸国だろう。

道路と空路の環境悪化

一方、米国の鉄道輸送が立ち遅れている理由は簡単に説明できる。

鉄道網の初期投資は巨額であり、国が「公共財」として提供するのが普通である。つまり支払うのは納税者だ。したがって、目に見えて満足のいく投資結果が得られれば、納税者の賛同も得やすい。たとえばスイスは税金が高いが、この国の素晴らしい鉄道網の維持に異論を唱える国民は、私の知る限り誰もいない。

これに対して米国では、東海岸と西海岸の鉄道利用者だけのために資金を出している、と感じる国民が大半である。しかも米国民は、実は中国の方が少し面積は広いのだが、自分たちの広大な国土で旅行に便利なのは車と飛行機しかない、と思い込んでいる。確かに、飛行機は距離を素晴らしく短縮した。そして車の所有は、何十年にもわたり、米国民の個人主義と、どこまでも続く道路に対する愛着の、象徴となってきたのである。

私は、飛行機と車をやめろ、と言うつもりはない。それは不可能だ。ただ、新世紀を迎えて、改めて鉄道を見直すべきだ、と言いたいのである。その第一の基本的理由は、道路や空路の旅の環境が、ますます困難になっていることである。

米国内のあらゆる大都市で、交通渋滞が増えている。ソウルやバンコク、サンパウロなど、地球上の他の多くの都市でも、いわゆる「高速道路」上で何百万もの車が渋滞している。今世紀半ばまでに世界の人口が約六五億人から約九〇億人に増え、米国民も三億五〇〇〇万人から約四億二〇〇〇万人に増える以上、現在のような車への依存は、どう見ても考え直す必要がある。

もっと明白なのは、米国内の空の旅がますます不便になっていることだ。これは、9・11同時テロ事件の以前からの現象である。

車で空港に行き、駐車スペースを見つけ、離陸の二時間前にチェックインし、保安検査を通り、便の遅延や取り消しを確認する。着陸して自分の荷物を取り、宿に着くころには疲れ果てている。いまどきニューヨークから首都ワシントンまで飛ぶのは愚か者だけだ。アセラ特急がいくら遅いと言っても、空路よりは早い。

米国はもっと野心的になるべきだ。金を使いたがっているように見えるオバマ政権なら、なおさらである。

手始めに、シカゴ・ニューヨーク間一一六〇キロに、時速四〇〇キロのリニアモーター列車でも走らせたらどうだろう。急ぎの飛行客にとって、格好の代替手段になるだろう。すでにドイツのハンブルク・ミュンヘン間六一二キロでは、高速鉄道の方が早いため、国内便が縮小している。中国でも、高速列車によって省都間の旅行が早くなる、と言われている。

私の提言は、単に米国向けではない。実際これは、ブラジルやインド、南アフリカ、メキシコ、エジプトなどの方が、もっとあてはまる。個人の車所有熱と同時に、国内航空便も米国並みの混雑になっているからだ。いずれ政府もお手上げになるだろう。その前に鉄道への投資を試すことは、決して有害ではない。

その場合、各国は米国ではなく、欧州やカナダ、日本、韓国、そしておそらくは中国の企業に、技術や経験のノウハウを求めるだろう。オバマ政権がどうにかしない限り、道路と空路にこだわる米国は、二〇世紀のままの、時代遅れの国になってしまいそうだ。

二〇〇九年十二月発表

身勝手な曲に合わせて行進している米国

二つの金融論議の共通点

今月初め、二つの金融論議が紛糾した。その騒音と埃が静まってきたいま、この二つの問題が意味するものと、その連関について、もっと冷静に考えることができるかもしれない。そう、確かに、この二つは連関しているのである。

その一つは、米連邦準備制度理事会（ＦＲＢ）が決定した、六〇〇〇億ドルの新たな量的緩和をめぐる国内論議である。「緩和」と言うと聞こえは良いが、要するにベン・バーナンキＦＲＢ議長は、米国債を追加購入し、金融市場に資金を放出することを決めたのである。もう一つは、ソウル*で開かれた「Ｇ20」首脳会議で闘わされた、為替操作をめぐる論争である。要するに、国際的な通貨為替レートを捻じ曲げたのは、中国なのか、米国なのか、それとも他の諸国なのか、という口争いである。

まず初めに、どうしてこれほど論議が白熱したのかについて考えてみよう。瀕死の国内経済に再点火しようとする、ＦＲＢ決定の賢明さに関する米国内の論争は、実に鮮明なものだった。説明に長い時間を費やす必要はないだろう。量的緩和の提唱者たちは、成長が低迷するこの国に「弾み」をつけるための道具を持っているのは、ＦＲＢと、ティモシー・ガイトナー長官の財務省だけだ、と主張した。実際、経済学者の[**]ポール・クルーグマン教授などの論者は、もっと大規模な包括的刺激策を求めた。一方、反対派の中心は共和党だが、事実上ありとあらゆる財政保守派が反対に回った。そして、ガイトナー＝バーナンキ・コンビの手法に警戒感を示した。二人は札ビラを刷って現在の不況から抜け出すことを考えている。今回の刺激策が雇用増加をもたらし、ひいてはいっそうの成長と、税収増と、もっと均衡した予算につながるという、甘い期待を抱いている。これは尋常ではない、と。

この二つの陣営の間の対立は、抜き差しならないものである。米国の経済にケインズ主義的な「弾み」を与えることは非常に理にかなっている、と信じるのか。それとも、これは無駄金に無駄金を注ぐことだと考えるのか。その二者択一だからである。論理的には、一方が正しく他方は間違っていることが、必然的に判明するだろう。目下のところは、どちらにも可能性がある。これは、豪華客船クイーン・エリザベス２号は実用的なのか、それとも無駄の塊なのか、という問いに似ている。

これと同じ論理が、おそらく度合いは少々劣るものの、ソウルで起きた国際的な論議にもあてはまるのかもしれない。それは、ＦＲＢが米国内に六〇〇〇億ドルを注ぎ込む金融「緩和」がもたらす影響に関する、とげとげしい論争だった。なにしろ米国は、衰退の兆候を見せているものの、良きにつけ悪しきにつけ、国際金融の面で最後の砦だからである。そしてドルもまた、衰退しつつあるものの、世界の基軸通貨だからである。

だが、ソウルで展開された大論争を見て、良識のある第三者なら誰でも、まるで「耳をふさいだままの話し合い」みたいだ、という印象を受けたに違いない。オバマ大統領とガイトナー長官は、他国から何を言われようと、この財政緩和は米国の回復を早めるために必要な措置だと、最後まで主張し続けたからである。米国が回復すれば、世界も間違いなく後に続く。「我々の真似はしなくていい。ただ我々の言う通りにしろ！」というわけである。

ここには、今日の米国経済も、一九四五年当時と同じ支配的な地位を占めている、という思い上がりがある。真面目な欧州人なら、信じられないと首を振り、中国人なら、陰でクスクス笑うだろう。依然としてワシントンは、米国の地球規模の経済支配が、過去二五年にわたってゆっくりと、悲しげに、滑り去りつつあることを知らないのだろうか。もはや巨大なゴリラではなく、世界経済の舞台の、単なる主要な役者の一人にすぎないという事実と、正面から向かい合うことはできるのだろうか。

緩やかに崩壊する国際通貨システム

とはいうものの、確かに、為替操作に関する論議は、かなり米国に分がある。世界中のあらゆる銀行家や金融取引担当者は、中国が手持ちの莫大な外貨準備を用いて、人民元の交換レートを操作していることを認めるだろう。人民元はゆっくりと上昇しているが、それは北京にとって好都合なペースにすぎない。かくして、中国の輸出品には、実際の価値より低い値段がつけられている。それによって、米中貿易がゆがめられるだけではない。日本や韓国、ブラジル、南アフリカなども先を争って同様の為替操作を行い、自国の貿易競争力の維持を図らざるを得なくなる。つまり、小細工をしているのは中国だ。その結果、中国の貿易黒字は、グロテスクなまでに増大しているのである。

これに対する答えとしてワシントンは、戦略的に、ますます大量のドルを金融システムに押しこんでいる。そして、停滞する国内経済を呼び起こすためにそうする必要がある、と主張している。米国経済には、本当に勢いがつくのかもしれない。だが、副作用がある。あまりにも大量のドル札を海外に送り出した結果、ドルの交換レートは下がらざるを得ない。もちろん、ドルが急に蘇ることもあるだろう。イランのイスラエル攻撃、ないしはイスラエルのイラン攻撃などの愚かな中東危機や、「狂犬」のような北朝鮮の行動、あるいはEU諸国の新たな金融危機などが発生すれば、一時的に、ドル買い戻しの大波が起きるだろう。だが、長期的な傾向は下降線である。その原因は、財政赤字の継続にある。そして他の諸国が、あまりにも大量のドルを保持することを、ますますためらっているからである。

単純に言うと、一九四四年以降の、米国主導の国際通貨システムは、ゆっくりと分解しかけている。これは、必ずしも驚くべきことではない。人口が世界全体の四・五%、総生産が世界全体の二〇%にすぎない国の通貨が、地球上の外貨準備の八〇%を占める時、いや現在のような六〇%台でさえも、その負担に永遠に耐えられるはずはない。たとえば、これに羨《せん》望《ぼう》の目を向けたフランスのドゴール将軍など、多くの人々から不公平な優位と見なされたものが、いまや重荷と化しているのかもしれない。世界における米国の真の購買力、つまりGDPの世界的な比率と、人工的に高く維持されたドルの国際占有率の間には、遅かれ早かれ、経済学者が「収斂」と呼ぶ現象が起きるだろう。

これまで長きにわたり、米国の政治的な勢力圏内にいる他の諸国は、こうした人工的な米国通貨のあり方を受け入れ、文句をつけなかった。だがそれは、英国、日本、ドイツ、スペイン、韓国などの緊密な同盟国だからこそ、なのである。今日の台頭する諸大国、ブラジル、南アフリカ、インドなどが、同じように敬虔《けいけん》な態度を示すという兆候は、まったく存在しないように見える。そして中国に関して言えば、米国の演奏に合わせて行進することは、決してないだろう。むしろ真の問題は、借金にまみれた米国が、間もなく中国の演奏に合わせて行進するようになるかどうかである。

通貨安競争のゆくえ

これらすべてのことが、世界における米国の地位について考える我々全員を、視野の狭いバーナンキ議長による「量的緩和」の問題に引き戻す。こちらに六〇〇〇億ドルを、あちらにも六〇〇〇億ドルを、というFRBの行動は、純粋に国内的な視点に立てば有益なのかもしれない。また、権限の枠内であるのも確かである。だが、つい数日前、金融大手ゴールドマン・サックス社の著名なチーフ・エコノミスト、ジム・オニール氏は英『フィナンシャル・タイムズ』紙上で、「FRBの責任は、高い雇用と低いインフレを維持することであって、通貨問題ではない。ドルの低下は、FRBの政策の結果かもしれない」と、読者の注意を喚起した。これは現実問題として、バーナンキ議長とその同僚たちの決定を、誰一人として、たとえオバマ大統領でさえも、制御できないことを意味する。

ただし、目下のところ大統領は、その無力さを、むしろ好都合だと思っているのかもしれない。瀕死の米国を刺激しようとするFRBの行動は、ドルを弱めることを意図したものではない。だが、おそらくドルは弱まり、結果として輸出を改善し、中国の通貨操作に対して、横から一撃を加えることにつながるだろう。しかもホワイトハウスは、ドルが弱くなったとしても、我々が悪いわけではない、と開き直ることができる。そして結局のところ、他の多くの諸国の中央銀行もまた、自国の経済を蘇生させ、自国の通貨を低く保つための措置を採っている。だったら、何か問題があるだろうか？

問題はある。それは米国が、トルーマン時代以降、相対的に衰退しているにもかかわらず、依然として世界経済の巨大な立役者だということである。つまり米国は、世界を助ける大きな能力を持っているだけではない。かつて一九三〇年から一九三四年にかけて行ったような、利己的で内向きの政策によって、地球規模の貿易システムに損害を与える能力をも持っているのである。そうした政策は、米国の経済をさらに傷つけるだけでなく、国際安全保障に対する、米国の重要な貢献をも弱めてしまうきっかけになるだろう。長期的に見れば、他の台頭する民族国家に対して自国の経済が相対的に弱まるなら、いかなる「ナンバーワン」の軍事大国でも、海外での膨大な責務を維持することはできない。

これらすべての理由から、私はこう思う。いま最も大切なのは、片方の米国も、他方の主要な諸大国も、異なる曲に合わせて異なる方向に行進するという愚を、やめることである。そんな戦術で戦いに勝った連合軍など、あった例《ため》しがないのである。

二〇一〇年十一月発表

＊二〇一〇年十一月十一日から翌十二日にかけて開催された。
＊＊二〇〇八年にノーベル経済学賞を受賞。プリンストン大学教授。

IV　諸国家の興亡

ウゴ・チャベスとアダム・スミス

『国富論』の良識をあざ笑う

人物比較をする上で、ベネズエラのウゴ・チャベス大統領とアダム・スミスほど明白な対比は他にあるまい。

片や、カリスマ的で攻撃的で、過激なベネズエラ大統領は、熱狂的な支持者たちの前で、あるいはもう少し冷淡な国連総会の場で、米国の邪悪な帝国主義に関する演説をしたがる人物である。

他方、慎重で思慮深い、スコットランド生まれの政治経済学者は、二三〇年前、経済の動きを理解する上で永遠に影響力を持つ本となった『国富論』を著した人物である。世紀を超え、大洋を越えて、おそらくこの二人をつなぐ唯一のものは、筆者が訪問した国々の中で、ベネズエラ人が最も熱心なスコッチ・ウイスキー消費者であることくらいかもしれない。

だが、ここで論じたいのは、チャベス大統領とアダム・スミスの生き方や性癖の大きな相違ではない。重要度の上で、それよりもっと印象的なのは、チャベス大統領の最近の諸政策と、明言している将来の方針である。それは、国を富ませ、安定させ、強くするための助けとなるよう、このスコットランド人が提案したすべての良識的な措置を、意図的にあざ笑っているかのように見える。

ただし、このベネズエラ大統領が、アダム・スミスの業績を個人的に知っている、と言うつもりはない。とてもそうとは思えない。しかしながら、ベネズエラの現在の諸政策が、この大経済学者の助言と正面衝突する方向に傾いているのは、やはり事実である。

いったい、アダム・スミスはなんと言ったのだろうか。そして、彼の語った言葉は、それを読んだ人々に対して、なぜ大きな説得力を持ったのだろうか。

彼が『国富論』を書いた年は、国際的にも国内的にも大変動の時期に当たっていた。同じ年、米国の独立宣言が出され、フランス革命が間近に迫っていた。その時期、スペインなどが支配する帝国は足元が揺らぎ、英国などの新たな帝国が台頭していた。それは、パリやロンドン、エディンバラ、フィラデルフィアなどの知識人たちが、得られる利益と軍事力の適切な関係について、そしてまた偉大な国を築く方法について、論議している時期だった。

アダム・スミスにとって、この後者の問いに答えるのは、かなり簡単だった。諸君の統治システムが、経済に余計な害悪を及ぼすことを避けられるなら、すべてうまくいくはずである。人類は生まれつき創造的で、生産的で、戦利品を増やしたがる存在であり、国民にそうさせておけば、国全体も花開くだろう。

これとは対照的に、創造性の首を絞めたり、反対意見に寛容を示さなかったり、恣意的な税を課したり、個人の所有物を没収したり、起業精神を損ねたり、対外紛争にふけったりして、為政者が賢明ならざる行動をとれば、たちまちその国の状況は、不幸と混乱と、大きな恥辱に陥りかねない。

アダム・スミスが何よりも嫌ったのは、予測不可能性だったと思われる。今日投資したものが明日破綻することはない、という安心感を、自由な市場は必要とするからである。

専制の行く末、破滅の予感

この話が、チャベス大統領の最近の政策にどう結びつくのか、もうそろそろ読者諸賢も気付かれることだろう。

二〇〇六年九月、彼が国連総会の演壇を利用して行った反米演説は、中南米の多くの外交官や政治家を当惑させたものの、単なる示威行動にすぎなかった。これに対して、アダム・スミスの著書の対象であるビジネスの世界が関心を抱くのは、扇動的な言辞よりも、現実の諸政策、とりわけ不確実性を増すような政策である。そして筆者が見るところ、まさにこの点で、チャベス大統領とベネズエラという国は、自ら深い穴の中に、どんどんはまりこんでいる観がある。

たとえばチャベス大統領は、最近の石油と天然ガスの高騰がベネズエラにもたらした予想外の余得を、浪費し尽くそうとしているかのように見える。

これに関連して、興味深い経済論議がある。たとえばスイスやシンガポールなど、天然資源が「欠如」している国々は、これまでに存在した最も重要な富の創出要因、すなわち人的資本に依存せざるを得ないため、結果として、最も繁栄する諸国の一員になりやすい、というものである。

それでもなお、ノルウェーやドバイなど、石油収入を賢明に用いて、自国民の将来のために投資している国もある。だが、それとは対照的に、チャベス大統領はベネズエラの資本を無駄遣いし、ロシアからミグ戦闘機を買ったり、アフリカや中南米の反米政権に援助を与えたり、国内の政治的な支持層に見返りを施したりしている。言うまでもなく、これらすべては、非常に高い石油価格が続くことを前提としている。

しかもチャベス大統領は、ビジネスや税制や個人財産の世界に、恣意的な干渉を行っている。確かにベネズエラには、南米の典型である大きな貧富の格差がある。しかし、自らの大衆迎合的で社会主義的な諸目標を促進するため、個人所有の土地や企業を差し押さえるのは、あまり良い考えではない。おまけに、チャベス大統領が新たな権限を求めたり、有力な支持者たちが大統領にもっと力を付与すべきだと論じたりしている話を、毎週のように目にする。

外国の多国籍企業がベネズエラの石油と天然ガスから得た収益に対して、税の支払いを求めることは、完全に理解できる。だが、国家の「取り分」の比率を頻繁に引き上げることによって、ベネズエラは商売に適した場所ではないという印象をグローバル企業に与えることは、その限りではない。

英国の『フィナンシャル・タイムズ』紙によると、この熱血大統領は、いまやオリノコ地域の外国所有の石油持ち株会社を国有化し、米国とスペインの企業が大きく投資しているテレコム産業を接収し、リベラルな立場で政権批判を行うラジオ・カラカス・テレビジョンの放送認可を打ち切り、外国為替と商品価格と金利に対する追加規制を山ほど行うつもりだという。

これが、海外市場でベネズエラ国債の深刻な投げ売りにつながったことは、驚くに当たらない。どこの国の経済でも、公的所有と個人所有の度合いに関しては、議論と異論の余地がある。アダム・スミスでさえも、国家には大きく重要な役割があることを認めている。だが、政府による没収や恣意的な措置が否定的な結果をもたらすことには、ほとんど疑問の余地がない。それは、破滅を招くものになりかねない。

もちろんチャベス大統領は、たとえアダム・スミスの著作を知ったとしても、やはり無視するだろう。なにしろ彼は、ベネズエラの国有化案に対して懸念を表明した米州機構事務局長を、「まったくの愚か者」と呼んだばかりである。

したがって、この大統領と、過激度を増したその新内閣に対しては、もっと単純な文章を贈るべきかもしれない。それは、イソップ物語の「金の卵を産むガチョウ」*である。首都カラカスの下町に住むチャベス信奉者たちでも、おそらく、この物語の真意は分かるだろう。

二〇〇七年一月発表

＊純金の卵を毎朝一個ずつ産むガチョウを殺し、たくさんの卵を取ろうとしたが、その腹の中には何もなかった。

プーチンのロシアが心配なら、これをお読みなさい

プーチンの行動の意味

ロシアのウラジーミル・プーチン大統領は、過去数年にわたり、非常に明確なシグナルを発し続けてきた。それは、旧ソ連の崩壊後にロシアが弱体化し、混乱し、西側に依存する存在になり下がったのは確かだが、もはやその時代は去ったのだ、ということである。

いまやロシアは誇りを取り戻し、再び強く自己主張する国となった。歴史家の目からすると、彼らの行動は、皇帝や共産主義が支配した帝国の時代にますます似てきたことが、よく分かる。私は二〇年前、著書『大国の興亡』の中で、この巨大な国は内部の亀裂と対外的な疲弊によって深刻な困難に直面しているものの、戦わずして倒れることはないだろう、と書いた。だが、これほど早くモスクワが世界の檜舞台に戻ることは、予想もしていなかった。

ただし、この返り咲きは底が浅い、と言う人が多いだろう。実際そのほとんどすべては、

石油と天然ガスの高値と、幸運にも、これらの貴重な国際商品の膨大な在庫をロシアが保有していることのおかげである。

確かにその通りである。だが、石油収入を賢明に投資すれば、ノルウェーとドバイというまったく対照的な国が過去一〇年間に行ったように、国家経済基盤や産業・技術開発、そして軍事的な安全保障を促進することができる。かつてのオランダも、北海でのニシン漁によって国を築いた。アムステルダムの良き市民たちは、自分たちの儲けを別の方向に投資する知恵を持っていたのである。

これは、ロシアにも完全にあてはまる。プーチン政権が、産業基盤や研究施設、復活した軍事力近代化のために、賢明な戦略的投資を行っているのは明らかである。それだけではない。その流れ込む富は、クレムリンに、強気な外交を追求する自信を与えている。そして目下のところ、足元のおぼつかない米国、成長と国内近代化に目を向けている中国とインド、巨大な影響力を手にした世界中の石油生産諸国など、一連の地球規模の状況がロシアに有利に働いている。無能だった旧ソ連のチェルネンコ政権やブレジネフ政権でさえ、これほど強力な切り札があれば、しくじることはないだろう。しかもプーチン氏は、あらゆる面で、本当に恐るべきポーカー・プレーヤーのように見える。

一国主義的な行動の数に関する限り、現時点でのモスクワを上回るのは、おそらく、過去六年間のホワイトハウスだけだろう。明白な例を挙げよう。ロシアは国連安保理で拒否権を行使してセルビアを支援し、コソボ独立の夢を叩き潰した。これは、同じ特権を使ってイスラエルを保護し、親パレスチナ派の決議案を阻止してきた米国とまったく同じである。同様にロシアは、安保理がイランと北朝鮮に対して何ができるかを、否定的な形で左右している。

まだある。プーチン政権の閣僚たちは、いまや「パイプライン外交」と呼ばれるようになった手法が得意である。これによって、ベラルーシやウクライナなどの隣国をロシアの意に服従させ、ロシアにエネルギー依存していることを思い知らせている。そしてこれが、ひいては西欧諸国をも威嚇する手段であるのは明白である。実際、エストニアとラトビアは、ソ連戦争記念碑の撤去やロシア系市民への待遇が反露的だとして、ひどい目にあわされている。

西側の石油会社は、ロシア政府が契約に際して、エネルギー資源の支配だけを金科玉条にしているのではないことに気づき始めている。力を回復したロシアが主張しているあらゆる契約内容の変更は、クレムリンとその出先が株式の過半数を確保することに向けられている。かくして、これまで長らく強力な独占体と見なされてきた、BPやエクソン、コノコフィリップスなどの巨大な国際企業が、いまや文字通り窮地に追い込まれ、交渉の立場の弱さを痛感しているのである。

これら各社の最高経営者の多くは、最近、ロシアが北極に対する大規模な領有権を主張したというニュースを見て、目をこすったに違いない。これは、海底エネルギー資源の開発権につながるからである。モスクワは、軍備管理協定を非難する時と同じくらい迅速に、国際的な主張を打ち出しているように見える。実際、ついていくのがやっとである。

ただし、ロシアの行動が特に西側の企業利益を脅かし、地球規模の資本主義陰謀説を唱える左翼的な論者たちの悩みの種になっているとしても、それは決して異例のものではない。実際、ベネズエラのウゴ・チャベス大統領とイランのマームード・アフマディネジャド大統領が行う途方もない政策や宣言に比べれば、むしろロシアの行動の方が予測しやすい。彼らの政策は、伝統的な力の信奉者たちが採る手段である。敗北と屈辱を経験したロシア指導層は、いまや自分たちの財産と権威、そして威嚇能力の回復に、執念を燃やしているのである。

イワン雷帝以来のロシア史に照らして、プーチン大統領が何か新しいことを行っている様子はまったくない。クレムリンからの「上意下達」政策には、千年の歴史がある。現時点でそれが目立っているとすれば、おそらくは一時的な、二つの要因のせいにすぎないのかもしれない。つまりそれは、現代世界のあとさきをかえりみない石油依存と、イランとテロに関するブッシュ政権の強迫観念である。プーチン大統領が行っているのは、開かれた扉を通り抜けることにすぎない。その扉を開いたのは、ほぼ間違いなく西側なのである。

注意すべきは民族主義

したがって、ロシアからのニュースで私が興味を抱くのは、北極の氷原の下にいる無人潜水艦のことでも、ベラルーシに昔の石油代金を支払わせるため圧力をかけていることでもない。私が気になるのは、国家の威信を、さらには民族的な誇りを高めるために、プーチン政権が密かに幅広く行っている様々な措置の方である。私が間違っていなければ、むしろそれらの方がはるかに意図的であり、実に不吉な結果につながりかねないものである。

ここでは二つの例を挙げれば十分だろう。愛国的な青年運動の創設と、決して密かとは言えないが、学校教科書におけるロシア史の書き換えである。青年運動は「ナシ」と呼ばれる。これは、「我々の」とか「我々自身」といった意味である。この運動は二年ほど前に始まったばかりだが、急速に成長している。これを促進している政府機関は、次の世代の若者に正しい美徳を吹き込み、そうして作り上げた超ロシア主義的な集団を用いて、国内の批判派、つまりはリベラル派を抑え込み、プーチン政権を守り立てる決意を固めている。

「ナシ」が提唱する諸政策は多彩である。おそらく、七〇年前のナチの青年組織「ヒトラーユーゲント」にも、同じことが言えたのではないだろうか。その主な特徴は、祖国への敬意と、家族やロシアの伝統、結婚への尊敬、そして、かなり徹底的な外国人嫌いである。ただし、ロシア的な生活を脅かす者のリストの中に、アメリカ帝国主義者やチェチェンのテロリスト、恩知らずのエストニア人などが含まれているのかどうかは判然としない。

目下のところ「ナシ」は、何万人もの若い活動家を訓練している。彼らはいま夏季合宿所にいて、集団エアロビクス体操を行い、政治の「適正化」や「腐敗」について議論し、来たるべき闘争に必要な教育を受けている。最近、モスクワが英国やエストニアと対立した後、在モスクワの両国大使に嫌がらせをするため、大人数が動員された。ロシア外務省が、これを知らないはずはない。英『フィナンシャル・タイムズ』紙によると、来たる十二月と二〇〇八年三月の選挙を監視し、出口調査を行うため、「ナシ」は六万人の「指導役」を訓練しているという。彼らが、たとえば国連選挙監視団なみの公平性を発揮するかどうか疑わしい。すべての動きが、私にとっては実に不気味である。*

同じく不気味なニュースがある。それは、十代の青少年に過去の国家的栄光への誇りを吹き込み、国家の団結を促進することを目的とした、高校の歴史教師のための新たな指導要綱が編纂され、その著者たちをプーチン大統領が個人的にねぎらった、という話である。

歴史を職業とする者として、私は、国の過去に関する何らかの公式見解を教育関係の省庁が承認する、という考え方から常に一線を画してきた。だが私の知る限り、日本からフランスに至るまで、官僚たちはまさにそれを行っている。あり得ない話だが、もし中国の各学校が実は自由に教科書を選べる状態にあると知ったら、中国共産党指導部は逆上するだろう。

そして米国のキリスト教原理主義者たちは、手荒いやり方で、自由の国の子供たちが実際に学ぶべき内容を変えたがっている。

これは、フランスの子供たちが英雄ジャンヌ・ダルクの話を聞いたり、米国の子供たちが独立戦争の英雄談を聞いたりすることとは別物である。誰にでもロビン・フッドやウィリアム・テルなどの話を聞く権利がある。だが、重要な現代史教育の一部として、「民主主義諸国のクラブに入ることには、自らの国家主権の一部を米国に明け渡すことが含まれる」と教えたり、十代の青少年に、祖国は敵対的な勢力に囲まれている、と告げたりするロシアの新しい歴史指導要領は、少々気がかりである。

こうした動きは、いったい何を意味するのだろうか。もし石油価格が崩壊したら、プーチン大統領によるロシア民族主義再生の努力もまたつまずくだろう。だがこれは「豚が空を飛ぶ」というたぐいの話だろう。目下のところ、「上意下達」と「底辺の拡大」によって、ロシアの誇りと力を再建しようとする一貫した計画があることに疑いの余地はない。

長い目で見ると、「ナシ」の過激派が英国大使への抗議デモを行ったり、エストニア国旗を破り捨てたりしたことは、歴史の片隅に忘れ去られるのかもしれない。だが、それとは対照的に、ロシアの若者たちをそそのかし、彼らが受け継ごうとしている、偉大だがひどく混乱している国の歴史を書き換えようとする意図的な動きは、二一世紀を生きる我々にとって、はるかに深刻なものになるかもしれない。

二〇〇七年八月発表

＊ロシアでは、二〇〇七年十二月に下院選挙が行われ、与党「統一ロシア」が圧倒的多数の議席を獲得した。翌年三月の大統領選挙では、ドミトリー・メドヴェージェフが大統領に当選した。

イスラエルの長期的な課題は米国の課題でもある

　このところ米国では、国際政治学者のジョン・ミアシャイマー、スティーヴン・ウォルト両教授の共著による『イスラエル・ロビーとアメリカの外交政策』*という本が論議を呼んでいる。先月、その書評を『ニューヨーク・タイムズ』紙上で行った老練な国際問題評論家レス・ゲルブは、米国とイスラエルの間の「特別な関係」が、まさにその発足時以来、ずっと意見対立の原因となってきた、と指摘している。

　広く中東にどこまで深くかかわるべきかに関して、米国民の間では、常に背反する意見が続いてきた。歴史的な実例としてゲルブは、一九四六年から四七年にかけて、ハリー・トルーマン大統領に提出された正反対の助言を想起している。

　この時、英国がパレスチナからの撤退を発表し、アラブ人とユダヤ人は領土争奪戦の準備に入っていた。大統領の法律顧問クラーク・クリフォードは、ナチのユダヤ人大虐殺「ホロコースト」を世界が放置したことに照らして、米国にはユダヤ人国家を支援する道徳的義務がある、と主張した。これとは対照的に、尊敬を集めていた閣僚のジョージ・マーシャル国務長官は、イスラエルを承認すれば、アラブ世界と米国の関係は絶望的に紛糾し、それが永遠に続くだろう、と考えていた。

イスラエル承認は、アラブ人とユダヤ人の人口動態の現実にも背くものだった。「マーシャルにとって、何千万人ものアラブ人の海の真ん中にある数百万人のユダヤ人国家は、米国にとって憂いの種以外の何物でもなかった。そして、遅かれ早かれアラブ人がユダヤ人を海に追い込むだろうと思っていた」と、ゲルブは指摘する。だがトルーマン大統領は、おそらく後にも先にもこの時だけ、マーシャル長官の助言を拒否し、イスラエルの建国を可能にした。その結果は、歴史が示す通りである。

人口学が示す、イスラエルの暗い未来

だが、これは本当なのだろうか。ゲルブが要約したマーシャル長官の憂慮を読んで、私は、六年ほど前に自分が書いた文章を思い出した。それはまさに、この発火しやすい地域における、ユダヤ人とアラブ人の人口バランスの問題に関するものだった。当時、両者の人口格差の増大に、米国のメディアはほとんど何も関心を向けていなかった。だが、私には驚くべき

	1973年	2006年	2050年
イスラエル	320	640	850
周辺諸国総計	5470	13860	23830
ヨルダン川西岸とガザ地区	110	390	980
ヨルダン	170	590	1180
シリア	690	1890	3440
エジプト	3550	7900	12760
レバノン	280	390	500
サウジアラビア	670	2700	4970

表2　イスラエルと周辺諸国の人口推移（万人）

ことに思えた。そこで、数字を調べ直すことにしたのだが、それを始めたのが、ユダヤ教の大贖罪《しょくざい》日「ヨムキプール」の断食明けの食事会から帰った時だったのは、何とも皮肉な巡り合わせだった。

表2の数字は、米国勢調査局の国際データベースから引用したイスラエルと周辺諸国の総人口で、まさに「ヨムキプール戦争」があった一九七三年と二〇〇六年の数値と、二〇五〇年の予測値の比較である。

これらの数字を、欧米の政策立案者たち全員が、自分の机の前に貼り付けておくべきである。イスラエルと周辺諸国の長期的な和平のための交渉に関心を持つ米国は、なおさらである。

アラブ世界の人口増が、たとえこの予測の四分の三ないしは三分の二だけだったとしても、依然として教訓は明白である。イスラエルの出生率は高いものの、中東の地政学的な構図に影響を与える人口学的な「重さ」は、どんどん少なくなっていく。しかも、現在のイスラエル人口の五分の一はアラブ人で、その出生率はユダヤ人よりはるかに高い。

これらの数字をどう明るく解釈しようとしても、イスラエル国家の人口学的な全体図は、マーシャル長官の予測通り、きわめて暗いと言わざるを得ない。これはまた、後で説明するように、アラブ諸国自身にとっても暗い数字である。要するに、これほどの人口爆発は、いかなる社会にとっても不吉だからである。

かくして私の見解では、あまたの軍事戦略専門家たちが取り沙汰する諸々の危険よりも、この人口変動の方が、中東地域の将来の安定と繁栄にとって、はるかに大きな脅威をもたらすだろう。

イランの核開発と、米国とイスラエルによるその施設の破壊、あるいはガザ地区でのハマスとヒズボラの内紛、アルカイダの全体的な命運などが、我々の直接的な関心を引くのは自然である。だが、年を追って拡大するイスラエルと周辺アラブ諸国の人口格差は、それらとはまったく別物の脅威であり、課題である。深刻で扱いがたい問題を、数多くもたらすからである。ここでは、そのほんの一部を挙げておこう。

まず初めは、パレスチナとイスラエルの紛争ではなく、より広い意味での人口と環境面の圧力である。二〇五〇年ないしそれ以前に、これらの中近東諸国の総人口が約二億五〇〇〇万人に達すれば、要するに水の供給が底を突く。アラブ諸国は砂漠に戻るだろう。イスラエルが国境周辺の深層地下水をいくら汲み上げても、自国民だけの需要すら賄えないだろう。

第二に、たとえ水不足が起きなかったとしても、人口が二倍にも三倍にもなったら、これらのアラブ諸国がどうやって社会のまとまりを維持できるのか、想像もできない。ナイル川沿岸に一億二八〇〇万人ものエジプト人が暮らせば、どんな環境被害が起きるのか。あるいは資源に乏しいシリアの住民が、これから四〇年の間に一九〇〇万人から三四〇〇万人に増えたら、どうなるのか。もし彼らが「破綻国家」になれば、どのような波及効果が地域全体に及ぶのか。社会の大混乱の中で、どのような政治過激派が実権を握るのだろうか。

第三は、もっと直接的にイスラエルにかかわるものである。いずれイスラエルが六五〇万人のユダヤ人と二〇〇万人の非協力的なアラブ人で構成されるようになった時、そのイスラエルに支配される西岸とガザ地区の九八〇万人のパレスチナ人の間で、社会的、物理的な爆発が増加することを、どうすれば回避できるのか。ユダヤ人口とパレスチナ人口の間の境界線をいかに巧みに付け替えても、パレスチナ領域内の膨大な人口増を維持できなくなる時が、必ず訪れるだろう。

確かに、西岸とガザ地区のパレスチナ人口が、イスラエルのユダヤ人口よりはるかに多くなっても、イスラエルは巨大な軍事的優位を維持するだろう。だが、その軍事的「優位」の効果や抑止力は、いつまで続くのか。自分たちより何倍も多い人々が怒りの声を上げ、同じ土地の権利を主張することに、どう対処すれば良いのだろうか。

憂鬱な結論

ここから我々は、恐るべき関連質問に到達する。アラブ人の、ないしはイラン人の総人口があまりにも大きくなり、大量破壊兵器攻撃に対しては核で報復するという、イスラエルによる威嚇の効果さえも薄れてしまうのは、いったいいつなのか？

かつて中国の毛沢東主席は、冗談なのかどうか、いつも外国からの訪問者に対して、中国の主要都市や施設への米国の核攻撃など怖くない、それでも何億人もの中国人が生き残るからだ、と言っていたという。これは単なるたわごとに聞こえるかもしれない。だが、私の言いたいことは分かるはずだ。要するに、人口の数がこれほど不均衡になれば、歴代のイスラエル政府が採ってきた「目には目を」の報復政策が持つ抑止効果は、減少せざるを得ない。

将来の紛争では、ユダヤ市民の死者一人に対して、近隣諸国の住民数人が死ぬに違いない。だが、それでも結果は同じである。イスラエル国家は圧倒されるだろう。これは恐るべき考えである。だが、シモン・ペレス****大統領などの注意深いイスラエル政治家たちは、ずっと以前から、人口問題が引き起こすこの可能性に留意してきた。だからこそ彼らは、政治解決を後押ししているのである。

現在のイスラエル国内には、二重路線を追求するべきだ、という総意がある。すなわち、

①アラブ過激派のロケット攻撃にせよ、遠く離れたイランのミサイル部隊にせよ、攻撃してくる者、攻撃して来そうな者に対して大量報復すると同時に、②パレスチナの穏健派との政治的妥協の可能性を探って、少なくとも戦線の一角に平和をもたらし、ひいては、妥協の用意のあるアラブ人たちから過激派を引き離す。要するにこれは、全体として、オルマート*****政権が米国の支持を得て行っている現在の政策を継続することである。

そして確かに、目下のところ、これだけが賢明な路線と言えるかもしれない。だが、これが長期にわたって効果的かどうか、私には大いに疑問が残る。最近イスラエルは、ハイテク技術を駆使してシリアの核疑惑施設を空爆した。そうした軍事的優位によって、まだ長期にわたりオオカミを寄せつけないでいられるかもしれない。だがそれは、この地域の人口動態に照らして、決して完全な正解ではない。穏健なアラブ政府やアラブ組織との政治的和解は、大いに望ましい。だが、いくら好条件の政治解決に達したとしても、その取引に、ますます増加するその他大勢のアラブ人を参加させない限り、単なる時間稼ぎに終わるかもしれない。

かくして、この問題に関する過去一世紀を顧みた歴史家は、皮肉にもクリフォードとマーシャルの二人とも正しかったという、憂鬱な結論を下すかもしれない。とりわけホロコーストが起きた後だけに、国際社会には、ユダヤ人の祖国を創出する道徳的義務が課せられていた。そして、その国を継続的に保護する必要があった。しかしながら、マーシャルの慎重論はまさに明察であり、六〇年前と同じく現在も、そして将来にわたっても価値がある。それを否定することはできない。

この難問に対する答えを知っている、と主張する者はペテン師である。楽観論に立って言うと、おそらく、イスラエルとの平和共存を望む国の数は増えるだろう。おそらく、狂信的な反イスラエル・反米運動のいくつかは、魅力を失うだろう。おそらく、人口増加の予測は、多くの発展途上諸国に関する予測と同じように、数値が高すぎたことが判明するだろう。

そしておそらく、平和の推進者たちがいますぐ行えることは、ペレス大統領の前例にならって突き進むことだけだろう。そこに、我々のすべての希望がかかっている。だが、彼らのかたわらでは、巨大な人口時限爆弾が時を刻んでいるのである。

これは、イスラエルにとって最大の長期的課題である。同時に、ジョージ・マーシャルが警告したように、米国にとってもまた課題となる可能性がある。だが、現在のホワイトハウスや連邦議会に、かつてのマーシャルのように心配している者が、誰かいるだろうか？

二〇〇七年十月発表

＊邦訳は講談社より刊行。ⅠⅡの二巻組。
＊＊一九七三年十月に勃発した第四次中東戦争のイスラエル側からの呼称。

＊＊＊レバノンのイスラム急進派。
＊＊＊＊イスラエル首相を二期務め、二〇〇七年より大統領。
＊＊＊＊＊二〇〇六年から二〇〇九年までイスラエル首相。

ロシアの長期的見通しは暗い

世界中で最も魅力のない求人広告があるとしたら、次のようなものに違いない。

「急募・約一七〇〇万平方キロ――その大半は居住不能――に及ぶ国土の経営及び改革に必要な多くの資質を持つ人物。ただしこの国は、深刻な人口減少と、弱体化した軍隊と、巨大な社会・環境問題と、国内の人種的な不和と、嫉妬《しっと》深い隣国を抱え、アジアと地球規模のパワー・バランスの面でも、おそらく急速な地位低下に向かっている」

これに飛びつくような人はあまりいない。そのために必要な資質には、おそらく、不撓不屈《ふとうふくつ》の精神と想像力の欠如、ないしは過剰な想像力が含まれる。なぜなら仕事は、ロシアの運営だからである。

こんな思いを抱いたのは、さる五月七日、ドミトリー・メドヴェージェフがロシア新大統領に就任した時だった。ただし、モスクワの群衆やロシアの国内メディアや愛国主義グループが式典に喝采を送っている様子を見た人たちは、私ほど暗い感想を持たなかったかもしれない。そして式典に続き、ウラジーミル・プーチン前大統領が〝スーパー〟首相に就任し、赤の広場では伝統的なパレードが行われて、ロシアの自信の高まりを見せつけたのである。

これは、国内支持率の点でブッシュ、ブラウン、サルコジ各氏ら米英仏の指導者たちに大きく水をあける、プーチン氏個人の政治的な成功物語というだけではない。ロシアの力の向上は、膨大な石油とガスの埋蔵量に裏打ちされている。最近の石油価格は一バレル＝一二〇ドル台となり、ロシアに巨大な交渉能力を与えている。それは、ウクライナやドイツ、ハンガリーなど、そうしたエネルギー供給に直接依存する諸国との関係に留まらない。石油収益による資本流入はロシアにもっと幅広い梃子《てこ》の働きをもたらしている。ロシアはいまや外交問題で、イランや北朝鮮からバルカン諸国に至るまで、大きな発言力を持っている。モスクワは復活を遂げたのである。

だとすれば、なぜロシアの未来を憂えるのか。その答えは、この国の「長期的」な見通しにある。モスクワやコーカサス地方から届く最新のニュースは、大国としての地位に潜む深刻な構造的欠陥を感じさせている。

縮む人口、広大な辺境

そうした欠陥のうちの二つは、地政学を奉じる研究者から見れば、実に明白である。一つは、以前から指摘しているように、ロシア社会の恐るべき人口学的崩壊である。四月の『ウォールストリート・ジャーナル』紙でも、アメリカン・エンタープライズ研究所とスイスのファイザー社の専門家二人が、「死にゆくロシア」と題して、この問題の核心を論じている。

この分野での私の読書経験は限られているが、人口学者は、どちらかと言えば慎重派に属する。国の将来人口を左右する二つの要素、出生率と死亡率に、何が変化をもたらすのかを解析することは、非常に困難だからである。それなのにこの二人は、「病気と死のまことに恐るべき急増」「心臓血管系の病気と負傷による死亡率の急上昇」など、かなり刺激的な言葉を用いている。いまや就労年齢層の男子の死亡率は、一九六五年のなんと二倍だという。ロシア人はソ連崩壊時より何百万人も少なくなっている。要するに、着実に消滅に向かいつつある。

もし、この国の就労年齢人口の縮小が宿命なら、居住できない辺境の土地を領有しすぎていることもまた宿命だ。ありていに言えば、生き残った一億四二〇〇万のロシア人は、支配する土地を現在の五分の一ほどにした方が、はるかに幸福だろう。

この二つの要因は、ロシアの長期的な競争力にとって巨大な障害である。その前では、石油とガスの価格高騰で流れ込む最近の利益も、色あせて見える。どんな社会でも、単一の商品に依存しすぎれば、その商品の市場価値が下落したり、生産と流通に障害が起きたり、あるいは単純に生産者が不足したりすると、対応できなくなる。ロシアの石油は、まだ頭打ちになっていないのかもしれない。だが、将来的に疑問があるのに、ただ一つの収入源をあてにして店を続けるというのは、賢明ではあるまい。

いまのロシアから石油収入を差し引けば、メドヴェージェフ氏の手に何が残るだろう。経済面はともかく、間違いなく残るのは、簡単に消えることのない民族問題や、外交的、地政学的な諸問題である。

ロシア人の出生率と、国内の無数の少数民族の出生率を比較しただけでも、ロシア人口の将来はさらに暗澹《あんたん》としている。国境の向こうに目を転じれば、バルト諸国、ポーランド、ウクライナ、グルジアなど近隣諸国に、モスクワの半帝国主義的な傾向を望ましいととらえる者は、ほとんどいない。誰もがロシアの手から逃れたがっているのである。

そして最後に、中国の問題がある。戦略問題を考えるロシア人なら、誰もが恐れる隣人である。ロシアは貿易取引や技術移転、包括的な外交などを通じ、イランはじめ中東や東南アジアの問題で、尊大な米国を出し抜こうとしている。だが、それがうまくいったとしても、いまや中国が世界の枢要部を占めつつある事実、ロシアの世紀と呼ばれるようなものが実現しそうにないという事実は、否定できないだろう。

要するに、ロシアが一五年、三〇年、五〇年先にどうなっているのか、疑問を抱かざるを得ない。人口学的、経済学的、そして地政学的な傾向は、不吉なものに見える。これは、メドヴェージェフ、プーチン両氏の目前にある、アブハジア自治共和国をめぐるグルジアとの紛争*など以上に、大きな問題である。

両氏は、カール・マルクスの次のような言葉を思い浮かべるべきかもしれない。「人間は自らの歴史を作る。だが、好き勝手に作るわけではない。自分で選んだ状況の下ではなく、過去から与えられた状況の下で作るのだ」

二〇〇八年五月発表

＊紛争は二〇〇八年八月、軍事衝突に発展した。

なぜ雪国だけに楽しませておくのか

北に偏る冬季オリンピック

先月、つまり二月に、カナダのバンクーバーで冬季オリンピック大会が開催された。そして競技終了直後の今月一日、『ニューヨーク・タイムズ』紙は、参加各国の成績を示す世界地図を掲載して読者の目を引いた。同紙は、各国の獲得メダル数を丸印で示した。つまり、メダルをたくさん取れば円は大きくなる。

この世界地図は、今回の冬季オリンピックの成績を比較する上で格好の材料となった。それは、なかなか楽しい眺めだった。たとえばノルウェーの丸印は、人口がはるかに多い米国と、ほぼ同じ大きさだった。そして、米国とカナダ、ドイツ、ノルウェーが、最上位四ヵ国の「ビッグ・フォー」として君臨していることを鮮明に示していた。

だが、その地図には、なんとなくアンバランスで奇異に感じられる部分があった。それは、メダルがあまりにも「北寄り」だったことである。カナダと米国を除けば、北米にも中米にも南米にも、最低一個のメダル取得を示す丸印の国さえどこにもなかった。アフリカや中東、南アジア、東南アジア、あるいは太平洋地域にも、一つもない。フィリピンやジャマイカなどの島国や、ポルトガルやマレーシアなどの半島国は、いわば最初から地図上に存在しなかった。こんな状態のものが「オリンピック」と呼べるのだろうか。困惑した火星からの訪問者にそう聞かれたら、説明に窮したかもしれない。

地球上の「丸印国」と「非丸印国」の間の巨大な不均衡の理由は明白である。前者では毎年たくさんの雪が降るが、後者にはまったく雪がないか、ごく少ししか降らない。インドネシアやシエラレオネが、どうすれば互角に戦えるだろう。無理な話である。確かに、一九八八年冬季オリンピックで、ジャマイカがボブスレーに挑戦した前例がある。その時の華々しい負けっぷりは語り草になった。だがこれも、私の論点の補強材料でしかない。

つまり国際的なスポーツ連盟は、事実上二種類の「オリンピック」大会を設けたのである。競技場で飛んだり投げたり泳いだりするものを主体とする大きなオリンピックと、雪国からの参加者だけのために考案された、二つ目のオリンピックである。つまり冬季オリンピックは、気候が温暖な諸国に対する明白な差別である。だが、そう私が言ったところで、中止されるはずもない。

変てこオリンピック

そこで私は、この二つとはまったく異なる、第三のオリンピックを提案したい。ふさわしい名称はまだ思案中だが、たとえば「雑多オリンピック」とか「雪無しオリンピック」、あるいは「変てこオリンピック」なんかどうだろう。

候補となる競技のリストは、長くて面白いものになるはずだ。そして、唯一の必須条件は、雪国が自然的な優位を持たないこと。いや、その反対になることである。

ちょっとだけ候補を考えてみよう。読者も夕食後の腹ごなしに、独自のリストを作ってみたらいい。たとえば「真珠採りダイビング」はどうだろう。ギリシャの島々やモーリシャス、太平洋の島国などの若者が、やっと栄光に輝くことになる。あるいは「ラクダ競走」も見てみたい。これは実に興奮するスポーツである。カナダやノルウェーに出番があるとは思えない。ついにアラブ首長国連邦も自分の土俵で勝負できるわけである。その次は、高さ三〇メートルのココナツの木にどれだけ早く登れるかを競う、真剣なスポーツである。もちろん裸足が条件だ。ドイツ人とオーストリア人にはまったく見込みがないだろう。だがこれを、スキー・ジャンプよりも差別的だと言えるだろうか。

この他にも、気候が温暖で雪の少ない諸国の成績を改善するための競技が必要だろう。金属ボールを標的に打ち当てる、フランスの伝統競技「ペタンク」もここに入る。パブの投げ矢遊び「ダーツ」もある。伝統的なパブの遊びはたくさんあるが、硬貨を弾いて点数を競う「シャブ・ハッペニー」も、ぜひ真剣に考慮してもらいたい。南も北も本当に夢中になる競技としては「綱引き」がある。明らかに日本の相撲取りとトンガのラグビー選手が、最有力の優勝候補である。

だが、「変てこオリンピック委員会」でさえ、あまりにも粗野で下品だとして却下しそうな競技もある。たとえば、かつてインドに駐留した英国の下士官たちが行った素晴らしいチーム競技「ヘイ・コックローラム」である。六人ないし八人が一チームとなり、先頭が犬のような格好で四つん這《ば》いになると、二番手が先頭の太ももを両手で抱えて股ぐらに頭を突っ込む。そうやってチーム全員がつながって他チームと競争するのだが、確かに、少々卑猥《ひわい》な感じがする。

唾が飛んだ距離と量で勝利を決める「長距離唾飛ばし」は、伝統的に嚙みタバコをたしなむ南米や、パプアニューギニアのトロブリアンド諸島の人々が、明らかに有利である。だが、チューインガムや唾吐きが法律で禁止されている諸国は、大いに憤慨するかもしれない。

さて、私の主要な論点は明白になっただろうか。よく組織された、和気《わき》藹々《あいあい》たる「変てこオリンピック」は、一〇年後にテレビで超人気になるだろう。ココナッツの木に登ったりラクダに乗ったりして、ひっそり暮らしていた素朴な村民が、国際的なスターになる。そうした特殊な才能に対して、ありとあらゆる企業スポンサーが争って賞金を出すだろう。

ロシア政府は先日、国内で雪は有り余っているのに、バンクーバー大会で好成績が挙げられなかったロシア・オリンピック委員会の最高幹部に対して、辞任を要求した。この調子だと、「シャブ・ハッペニー」で失敗したら全員を解任しなければなるまい。愛国的な米テレビ局「フォックス・ニュース」も、新しいメダルの獲得を毎日自慢することができなくなって黙り込み、代わりに大学バスケットボールの二流競技会を流さざるを得なくなる。

かくして、北方諸国の空威張りは終わるだろう。しかも、新しいオリンピックは実に面白いはずである。なぜこれを、いままで誰も提案しなかったのだろうか。これは真剣な話である。そう、私の考えでは。

二〇一〇年三月発表

*二〇一〇年二月十二日～二十八日開催。

韓国の繁栄と不安

経済と軍事の二極対立

私は最近、韓国での滞在を終え、戻ってきた。毎年夏には、ソウルの慶熙《キョンヒ》大学で国際関係を教えているのである。この傑出した半島国を訪問するたびに、私は、大きく対照的な二つの事柄に衝撃を受ける。その第一は、この国の繁栄と、さらに良い生活に向かって突き進む国民の、非常に鮮明な経済目標である。第二は、戦略的、軍事的な不安感、痛切な危惧である。頼りになるのは軍事力だ、という認識を、日々新たにしているのである。

だが、経済的な安寧と戦禍への憂慮という、この韓国にまつわる二極対立が、今回ほど明白に感じられたことは、かつてなかった。

まず、その繁栄ぶりは、まさに目の前にあった。過剰なまでに清潔な仁川《インチヨン》国際空港から、ソウル中心部の超高級ショッピング・センターに至るまで、「カネ、カネ、カネが物を言う」

という事実は明白だった。これほど多数の高級車ベントレーを一ヵ所で見たことは、かつてなかったと思う。だが、韓国で設計された見事な車もあった。私の知る限り、韓国以外では買えないようだが、明らかに、最も大型のBMWやベンツにも匹敵するように見えた。確かに、もっとみすぼらしい郊外や田舎では、学位やビシッとした背広とは無縁の、大勢の古い世代が、半ば隠された貧困の中で暮らしている。とはいうものの、もはやここは、安い台所用品を作っている国ではなく、トップに向けてひた走る国なのである。

韓国民は、来たる十一月に、「G20」の大事な首脳会議を主催することを、ひたすら誇りに感じている。韓国の超生産的な経済は、すでに多くの欧州諸国のGDPを追い越している。二〇五〇年までに韓国は、ドイツ、フランス、日本を上回る、世界第二位の一人当たりGDPを持つと予測されている。言うなれば、東アジアのスイスを目指しているのである。

だが、悲しいかな、好ましい比較はそこで尽きる。韓国がこの地域のスイスになることなど、望むべくもない。なぜなら地理的にも地政学的にも、スイスと同一の、ないしは同じような位置には、ないからである。韓国は、スイスのように高い山脈に囲まれた国ではない。あるいはノルウェーやスコットランドのように、ますます平和志向を強める欧州大陸に位置しているわけではない。韓国は、間違いなく世界で最も凶暴で予測不可能な政権の一つと隣り合っている。「隣り合って」とは、まさに、晴れた日にはソウル中心部の高層ビルから非武装地帯を垣間見ることができるかもしれない、という意味である。かくして、最近、巨大な米空母「ジョージ・ワシントン」が釜山を訪問し、米韓合同海上演習が行われた時、メディアが最も重要視したのは、それが韓国には安心を、そして北朝鮮には警告を、それぞれ与えるとともに、中国に対してもまた、かなり明瞭な牽制球を送る結果につながることだった。

闘鶏場としての朝鮮半島

こうして韓国は、気紛れな隣人が恒常的に作り出す頭痛の種に悩まされているのだが、それに輪をかけて気の重い事実も抱えている。それは、中国、日本、ロシア、そして米国という四大国がそれぞれ主張する戦略的利益の、まさに交差する場所に位置していることである。目下のところ、これらの大国は、いずれも現状の変更を望んでいない。そして皮肉なことに、北朝鮮が狂気の攻撃を仕掛ける可能性があるために、あるいは内部崩壊する可能性があるために、これらの大国は、不本意ながら顔を突き合わせて話し合いを続けているようである。

しかしながら、あからさまな事実がある。それは、韓国の地政学的な未来、ひいては経済的な未来が、韓国自身の印象的な努力もさることながら、これらの大国の行動に、はるかに大きく依存していることである。四大国「ビッグ・フォー」が協調している限り、韓国民は、富への道を自由にたどることができる。だが彼らは、北京の機嫌を損ねることを恐れて決して口にはできなくても、中国の興隆が地域にもたらす結末を、純粋に憂慮している。日本を頼りにすることは、考えるだけでも嫌である。現在のロシアの地域的な能力は、たいしたことがないと思っている。そして、米国が次の一〇年か二〇年のうちに、東アジアに駐留し続ける気をなくすことを恐れている。「ヤンキー・ドント・ゴー・ホーム!」なのである。

韓国の地理的なジレンマは、世界の政治の中では目新しい話ではない。そのことを私は、韓国の心配性の友人たちに、繰り返し指摘せざるを得なかった。たとえば、何百年にもわたって西欧のネーデルラント地方は、しばしば「闘鶏場」と呼ばれてきた。つまり、諸大国が支配権を争う戦場だった。フランドル地域が何回侵略されたか、数えるのも難しいだろう。さらに東方のポーランド・リトアニア地方も、ロシアやスウェーデン、オーストリア、プロシアが覇を競った戦場である。豊かだが守りの弱い都市が多い、イタリア北部のロンバルディア平原も、明らかにそうした戦場の一つだった。パレスチナやレバノンも、この仲間に入る。こうした戦場のリストは長いのである。

しかしながらこれは、ソウルの政策立案者たちにとって、何の慰めにもならない。実際、こうした歴史的な類似性を話せば話すほど、聞き手はますます不安を感じるだけである。少なくともペロポネソス戦争以来、小さいが戦略的に重要な社会の帰属をめぐって、強国同士が何回争ったかを教わっても、全然楽しくない。そして、だからこそ韓国は、北朝鮮の将来をめぐる「六ヵ国協議」の維持を強く望んでいるのである。なぜなら重要なのは、東アジアの四大プレーヤーをカード・ゲームの席にそろえておくことだからである。ウィンストン・チャーチルの有名な言葉のように、「談論風発」の方が「戦争勃発」よりもましである。だが同時に、韓国の大規模な軍隊は警戒態勢を維持し、海軍の増強も続いているのである。

大国の責任

こうした、この夏のソウルから始まった思索は、より大きな考察につながる。馬鹿馬鹿しくも一九四もの国民国家に分かれた、この素晴らしい世界を、いくつかの範疇に分類するのは簡単である。真の大国、中規模国、イタリアなどの繁栄する高齢化諸国、戦争に裂かれた諸国、そしてアフリカの絶望的な貧困諸国。ニュージーランドのような、幸運な諸国も付け加えよう。だが、おそらくここには、別の範疇もある。それは、韓国のように、比較的小さいが繁栄する貿易国である。そして不幸にも、もっと強力な諸国と隣り合っていて、しかも世界の紛争が起きやすい場所に位置する、クウェート、アラブ首長国連邦、シンガポールなどの国々もある。彼らは、どこに安全保障を求めればいいのだろう?

国連の創始者たちにとって、この質問への答えは明白だった。安全保障は、管理された国際システムから生じる。その中では諸大国が、要するにその大きさゆえに、重量物の大半を持ち上げなければならない。平和維持軍の多くを供給しなければならない。そして、より大きな責任を自覚しなければならない。これらは結局、安保理で拒否権を持つことの代償なのである。これに対して小国は、本質的に、安全保障の「消費者」である。この不平等な世界の中で、通常、彼らは自衛できないからである。したがって彼らは、国際システムに依存することになる。

だが、国連が発足した一九四五年以降、諸大国が自らの集団的な責任を認識し、ひいては小国に対して平和的な繁栄を約束したことは、滅多になかった。むしろ地球上の強力な諸国、つまりロシア、中国、米国は、利己的に振舞うことの方が多かった。その時、小さな国々は憂慮するしかない。そうせざるを得ない。だからこそ韓国も、大いに繁栄しているにもかかわらず、経済的な楽観主義と身の不安という奇妙な取り合わせの中で、二一世紀を覗き見ているのである。しかもこれは、明らかに韓国だけの話ではないのである。

二〇一〇年八月発表

「極東」と「中東」を比較研究してみると

繁栄する極東、動乱の中東

私は、この文章を機中で書いている。行き先は、英国のグリニッジ天文台を通る子午線を中心にして世界を眺める欧州人が、伝統的に「遠い東」と呼んできた場所である。何でも大袈裟に言うのが好きなフランス人に至っては、「極端な東洋」と呼んでいる。だったら米国のカリフォルニアあたりは、「極端な西洋」と呼ぶ方が論理的に公平かもしれない。

もう何年も昔のことだが、ある会議に出席するため、韓国の首都ソウルに初めて飛んだ時、私を含む参加者たちはホテルに缶詰めにされてしまった。外で学生デモが荒れ狂っていたからである。最初に東京まで飛んだ時も、空港から出られなかった。成田空港の拡張に反対する農民たちが暴れていたからである。ついでに言うと、農民たちの主張の方が正論だったようである。

それに比べると、近ごろの「遠い東」は、すべて静穏に見える。もちろん、どう対処すべきか誰にも分からないような、狂気の北朝鮮政権が存在する。だが中国も、安定と威信、限りない経済成長と限りない軍事増強という政治的な献立で、満足しているように見える。日本は世界経済第二位の座を中国に明け渡したが、民族主義的な反動は起きていない。そして、見事な産業基盤を動員して、恐るべき人口問題に適応しようとしている。シンガポールやマレーシア、韓国、香港、台湾は、もっともっと豊かになる、という真剣な作業にいそしんでいる。英国の超高級車ベントレーが、近ごろ一番売れるのはどこか、ご存じだろうか。

だが、私がこの「繁栄の弧」に向かって飛んでいる時、旅の友である『フィナンシャル・タイムズ』紙と『ウォールストリート・ジャーナル』紙と『エコノミスト』誌は、そろって「中間の東」地域の大動乱を報じている。チュニジアでダムの一角が決壊すると、次には、アラブ世界の中軸国であるエジプトが大崩壊した。その激震はアルジェリアからイエメン、バーレーンまで揺るがしている。そしていまや次の大物、イランの番である。

このペルシャの国では、学生たちが街頭に出ている。それを激励する空気でネットの世界は充満している。弁護士や医者、技術者、教育のある女性たちが、出番を待っている。激怒したイスラム聖職者とその熱狂的な支持者たちは、抗議活動の指導者を死刑にしろ、と叫んでいる。それは口先だけで、実際には起きないだろう、と考えるのは愚の骨頂である。かつて英国の暴君ヘンリー八世は、「奴らの首をちょん切れ」と命じることで有名だった。さすがにそんなことはできないだろうが、この不気味な一六世紀型の神権政治が終わるまでの間に、百人の、いや千人の殉教者が斬首刑に処せられても不思議ではないのである。

「脱臼」してしまった世界

シェイクスピアの戯曲「ハムレット」の台詞を借りれば、我々はいま、関節が「脱臼」してしまった混乱の世界に生きている。たとえば中南米では、政府や議会や教育あるエリートたちがまともに認識できさえすれば、繁栄と安寧と安定のある、魅力的な未来が待ち受けている。これまでのところ世界で最も貧しい地域、サハラ以南のアフリカでさえ、いくらか希望の光が差している。オーストラリアなど南太平洋は、原材料と食糧の輸出で笑いが止まらない。ところが欧州は、ドナウ川下流のように曲がりくねっている。北欧やババリア地方のドイツ圏は繁栄しているが、ギリシャやポルトガル、あるいはスペインやイタリアなどの南部のラテン圏と、ケルト文化のアイルランドは苦境に置かれている。

ありていに言って米国は、自分がどこに向かっているのか、まったく分かっていない。米国は、あらゆる歴史を通じて最大の財政債務を抱える軍事大国だ。そして軍隊を、間違った時に間違った場所に送り込んでいる。スマートな素晴らしい大統領を持っているが、その人物は、何か良識的で現実的な事を言うたびに、金切り声の非難を浴びている。いわゆる保守派の「お茶会」運動は、米国の希望の星ではない。連邦議会がさらに愚行を重ねかねない予兆である。米議会は、ますます自分だけの世界に閉じこもって生きている。米国が世界の頂点にあったトルーマン政権やアイゼンハワー政権の時代が去ったことに、気づいていないのである。

全体として、すべてがうまくいっているわけではない。そういう兆候をあまりにも多く抱えながら、世界は二一世紀の一〇年代に飛び込んだのである。たとえばエジプトは、イスラム教原理主義派のムスリム同胞団の手に落ちるかもしれない。イランは、流血の内戦に突入するかもしれない。アルジェリアもよろよろと、そう、何かアルジェリアらしい形で、ひどい状態になるかもしれない。もちろん、これらすべてが、突然好転するかもしれない。来週、アラブ・イスラム世界全体が目を覚まし、たとえば、デンマークみたいになるかもしれない。テヘランとカイロの住民たちも、「ユーストン駅行き」とか「トットナム通り行き」と書かれた二階建ての赤いバスに料金を払って乗りこみ、お天気の不満ばかり言っているロンドンっ子みたいになるかもしれない。ただし、もしそうなれば、豚も空を飛ぶだろう。

実際のところ、世界が抱える途方もなく大きな矛盾に対する特効薬はない。中国経済は今年の第1四半期に、一〇%もの驚くべき成長を見せた。だが、国内の政治的混乱に足をすくわれたエジプト経済は、よろめいて落ち込んだ。カイロで抗議デモを行った人々は、もはやホスニ・ムバラク前政権の一派をどうこうするよりも、食料品の安定した低価格や賃金の上昇、雇用の増大を求めている。悲しいかな、財政破綻した政権には、そのどれも与えることができない。もちろん、エジプトの新指導者たちがその気になれば、色鮮やかな紙幣をどんどん印刷することができる。だがそうすれば、かつてのスペイン帝国の歴代の王や、第一次世界大戦後のドイツ・ワイマール政権の政治家たちの轍《てつ》を踏むことになる。

アラブ地域は動乱期へ

正直のところ、これらすべてにどう対処すればいいのか、私には分からない。世界の将来は間違いなく分かる、と主張する連中は、みなペテン師である。英国の劇作家バーナード・ショーの名言にあるように、そんな時は自分の財布を押さえた方がいい。まさに騙されかけているからである。

この地球上の諸国家は、これまで述べたように、様々な方角に向かっている。だが、目下のところ最大の落差が存在するのは、間違いなく「遠い東」と「中間の東」との間である。これは私の買いかぶりかもしれないが、「遠い東」の中国とロシア、日本、韓国が、第二次世界大戦に起因する領土問題と領海紛争を緩和させる良識を持ち合わせていれば、事実上これら全員が、いわゆる「共栄圏」に暮らすことになるだろう。

これに対して中東諸国は、そんな幸運に恵まれてはいない。世界銀行や国連開発計画の真面目な専門家グループが、たとえば「アラブ世界の改革と復興」などのタイトルで、素晴らしい報告書を準備しているのは確かである。そして、透明性や民主主義、法の支配などの重要性を強調するだろう。だがこれは、「ユーストン駅行き」に料金を払って乗る、という類の話である。

確かに、快適なジュネーブのレマン湖畔から眺めれば、あるいは霧の多い河畔にある米国務省から眺めても、すべては可能に見えるかもしれない。中東は過大な痙攣や流血を伴うことなく、たとえば極東のように、政治的に安定し、大いに繁栄し、地域独自のやり方で近代化に向かうことができる。そう考えるのは実に楽しい。そういう日が来るかもしれない。だが、もし私が賭博師《とばくし》だったら、その反対側に大金を賭けるだろう。そして実際、私は賭博師である。

アラブ地域はいま、動乱の時期に入ろうとしている。そして西欧も、その予期せぬ結末の多くを免れることはできないだろう。そう、誰のために鐘は鳴っているのかと、人に尋ねてはならない。それは、汝のために鳴っているのかもしれない。

二〇一一年二月発表

V　リーダーたちと民主主義

なぜ政治家は少しも黙っていられないのか

「君、黙ったらどうかね?」

今月、チリの首都サンチャゴで開かれた「イベロ・アメリカ首脳会議」で、舌なめずりしたくなるような面白い一幕があった。もっとも、今後その「尻ぬぐい」のために、何人もの外交官が何ヵ月も走り回ることになるだろう。

イベリア半島のスペイン、ポルトガル両国と中南米諸国が参集するこの会議は、歴史と文化を共有する国々の団結を誇示するためのものだったが、逆に手痛い傷を負ってしまった。ベネズエラのウゴ・チャベス大統領が、例によって熱狂的な口調で、アスナール*前スペイン首相への個人攻撃を始めたからである。

サパテロ**現首相が、前任者への非難をやめるよう要請したが、チャベス大統領は止めるどころか、ますます侮辱的な言葉を言い募った。その時、英明なスペイン君主として尊敬されているホアン・カルロス一世国王が、こうたしなめた。「君、黙ったらどうかね?」

おそらく読者は、手に負えない暴れ者のベネズエラ大統領に国王が何か言っても、何の効果もなかったに違いない、と思うだろう。だが、この言葉は、中南米全体の流行語になった。そして、増え続けている反チャベス派は、大喜びしたのである。

スペイン語で「ポルケ・ノ・テ・カジャス?」。これは偉大なアイデアである。あの落ち着きのないベネズエラ指導者は、なぜ、ほんのちょっとの間も沈黙しようとしないのだろう。英『フィナンシャル・タイムズ』紙によれば、この時、チャベス大統領はムッとした、という。

それにしても、これは良い考えである。一般的に政治家たちは、演説や報道資料、メディアとのインタビューなどを通じて、時事問題に関するコメントを山ほど出している。これが減少したら、人類の耳にとって、まさに福音ではあるまいか。

これに関する限り、おそらく最大の罪人は米国人である。いま行われている次期大統領選挙の候補者指名争いでも、ルドルフ・ジュリアーニやミット・ロムニー、バラク・オバマ、ヒラリー・クリントン、ジョン・エドワーズをはじめとする人々は、あらゆる事柄に関して意見を表明しなければならない、と思い込んでいる。そして、彼らの発言が日に何回も報じられている。まともな神経の持ち主なら、耳栓に手を伸ばしたくなるだろう。しかもこのおしゃべり合戦は、まだあと一年間以上も続く。

ただし、ホワイトハウスもこれに負けてはいない。毎日の報道発表がある。常に慎重に選ばれた聴衆の前だけで頻繁に行われる、ブッシュ大統領演説がある。そして政府高官たちは、通商問題や兵器拡散、パレスチナの将来、北朝鮮の今後など、様々な米国側の都合を諸外国に押しつけるため、常に飛び回っている。

これらは、どれも重要な意義のあるものばかりである。だが、あまりにも積み重なると、何か大がかりな「トークショー」か見世物のような印象になる。言葉は意味を失い、見た目がすべてになり、熟考する時間は失われる。伝統的な「安息日」の日曜日でさえ、朝の政治トークショーで台無しになる。こうした無意味な雑音を聞けば聞くほど、静かな教会での礼拝の方が、ますます好ましく思えてくる。

政治的な言葉の軽さと過剰な行動主義の実例は、たとえば、パリでも簡単に見つかる。複雑で微妙な問題に関してしゃべりまくるサルコジ大統領に、辛うじてついてゆくために、ないしはその発言の釈明をするために、外交と金融を担当する閣僚や高官たちは四苦八苦している。あるいはまた、イランのアフマディネジャド大統領官房から、沈黙以外の何かが発せられない週があるだろうか？

中国はビスマルクの優秀な生徒

しゃべりすぎること、動きすぎることとは、実は達成したいものの信用性を失わせる。この点に関する限り私は、ロシアのウラジーミル・プーチン大統領の公的発言に感心するようになった。単刀直入で、間違いなくやや暗い調子で、西側への警告を含んでいることが多い。だが有難いことに、その回数は実に少なく、芝居じみたところはまったくない。

口を固く閉じ続けることによって事を有利に運ぶという、このほとんど忘れ去られたテクニックの名手は、中国人である。彼らは、必要な時しか意見を言わない。それも、なるべく内密に。彼らの内部的な意見対立は、閉ざされた扉の向こうに隠される。たとえば台湾問題など、異常に神経質になる事柄でない限り、彼らは公的な大演説よりも、静かな外交を選ぶ。そして、たいてい自分の思い通りに事を運ぶ。

私にとって興味深いのは、国連安保理の他の常任理事国よりも拒否権の発動数が少ないのに、中国が決して優柔不断ではないことである。中国の外交官は、他国の外交官たちを裏交渉に引き込み、たとえば、ダルフール問題の決議案の言葉遣いは気に入らない、と示唆する。すると、その言葉はたちまち修正される。内密に拒否権をちらつかせるだけで、事は足りるのである。

おそらく中国人は、帝政ドイツの大宰相ビスマルクの、西側の我々よりも優秀な生徒なのだろう。確かにビスマルクは、ドイツ統一は「血と鉄」によって成し遂げられるという有名な演説を含め、数々の公的な演説を行った。だが、概して彼は、政治的根回しと外交と交渉を通じて目的を達成することを好んだ。その意味で、ドイツ帝国の初代宰相を務めた二〇年間における彼の成功率は、途方もなく高かったのである。

ビスマルクの冷静な行動が最も光ったのは、バルカン諸国と一部の列強諸国の対立抗争が、大規模な欧州戦争に発展しそうになった時だった。一八七〇年代から一八八〇年代にかけての軍隊は、温暖な季節にしか戦闘ができなかった。ところがビスマルクは、紛争の危険が高まる中で夏を迎えると、田舎の別荘に引きこもってしまった。そして、あらゆる来客に会うのを断り、外務省と、同省次官だった息子のビルを通じて、すべての連絡をやりとりしたのである。

「鉄血宰相」の意図を測りかねた他の列強は、行動を中止した。ベルリンの対応の仕方が分かるまで、誰も動きたがらなかった。言うまでもなく、ビスマルクが不在を続ける限り、それを知るすべはない。そして冷たい季節が深まるにつれて、軍事行動の機会は薄れていったのである。

もちろんこれは、歴史的に特殊な、ないしは比類のない時代だった。ドイツは、欧州の列強秩序の原動力だった。ビスマルクは天才的な外交家であり、ポーカー・ゲームの達人だった。そして何よりも重要なのは、現在の政治家の境遇とは異なり、彼を束縛する近代議会も、世論もメディアも存在しなかったことである。

したがって、現代の指導者たちも国政を放り出して二ヵ月も三ヵ月も休みをとればいい、と言うのは馬鹿げている。しかしながら、こうしたビスマルクの極端な「沈黙は金」の実例と、最近の中国指導部がきわどい国際問題に関して見せる無口ぶりは、考察に値する。

確かに、いまどきの政治家は、長期にわたる沈黙を維持することができない。たった一つの季節でも引きこもることはできない。そうだとしても、せめて一ヵ月間は「黙って」いる、と誓うことくらいできないのだろうか。お願いだ、ほんの一週間でもいいから。

二〇〇七年十一月発表

*国民党の政治家。一九九六年から二〇〇四年まで首相。
**社会労働党の政治家。二〇〇四年より首相。

大統領万歳！……しかし大統領はどこにいる？

偉大な世代は現場主義

第二次世界大戦に関する本を書こうとして下調べをするうち、私は西側連合国の二人の指導者、フランクリン・ルーズベルト米大統領とウィンストン・チャーチル英首相の旅行についてたくさんのことを知った。

小児まひで窮屈な車いすに乗るルーズベルトの方が、当然ながら、移動は少なかった。だが彼は、信じられないほど重要な国外旅行を三回も行った。その目的は、英国ならびにソ連と交渉し、アイゼンハワー将軍らの司令官たちと協議することにあった。

ルーズベルトは、一九四三年一月九日から同三十日までの間に、チャーチルや連合軍参謀との重要な戦略会議のため、カサブランカに旅をした。同年十一月十三日から十二月十一日までの間には、いっそう困難な旅をしてカイロとテヘランに行き、チャーチルとともに、ソ連の独裁者スターリンに会った。そして一九四五年一月二十二日から二月二十七日までの間に、ヤルタ会談への旅をし、そこで決定的な役割を演じた。その時の写真には、疲れ切った彼の様子が如実に表れている。これらの会議に出席するため、ルーズベルトは死の直前、合計三ヵ月近い時間を費やしたのである。

チャーチルは、戦時中に行った旅行の数という点で、まさに際だっている。一九四一年のニューファンドランド島アルゼンチアから一九四五年のポツダムまで、主要な連合国との会議ばかりでなく、繰り返し戦闘の現場に行きたいと言い張り、英軍と英国の大衆を大喜びさせたのである。

戦時中のチャーチルの写真集に、「一九四〇年ロンドン大空襲で、煙がくすぶる家々の残《ざん》骸《がい》の中に立つチャーチル」「エジプトでモンゴメリー将軍及び兵士たちとともに」「シチリア島でのチャーチル」「ノルマンディーの浜でアイゼンハワーとともに」などの説明が記されていることが、そのすべてを物語っている。一九四四年七月の写真には、驚くべき姿が残されている。ノルマンディーでの戦闘の真っ最中に、葉巻をくわえたチャーチルが、英軍の監視台に立ち、眼下の道路沿いのドイツ軍拠点で砲弾が炸裂《さくれつ》するのを眺めているのである。

この偉大な二人の指導者の姿をなぜ思い浮かべたかと言うと、八年間の任期が終わろうとしているもう一人の戦時最高司令官のことを考えたからである。現在のブッシュ政権を、ルーズベルトやチャーチルの記録と比較しても、決して不公平ではない。ホワイトハウス自身、かつての「最も偉大な世代」の時代のことを、これまでしきりに引用してきたからである。

戦地避けるブッシュ政権

ブッシュ政権のメンバーの大半にとって、そして広く米国の新保守主義「ネオコン」の人々にとって、チャーチルはまさに聖像である。

イラク進攻に先立つアフガニスタン進攻が始まったのは二〇〇一年、ほぼ七年前である。これは、チャーチルの首相在任期間よりも長い。この間にブッシュ大統領が実際の戦場を訪れた回数と時間を書き出してみる。イラク関係は次の通りである。

二〇〇三年十一月二十七日に「二時間半」。米兵との謝肉祭夕食会に出席。バグダッド国際空港内の米軍基地からまったく出なかった。

二〇〇六年六月三日に「五〜六時間」。厳重に要塞《ようさい》化されたバグダッドのグリーンゾーンを訪れた。

二〇〇七年九月三日に「六〜七時間」。西部アンバル州の米軍要塞アルアサド空軍基地を訪問した。

つまり、戦闘が行われてきた五年あまりの中で、イラクにいた時間は丸一日にも満たない。

ここで、民主党バラク・オバマ大統領候補の外交経験や知識を疑う人々に言っておきたいのは、彼が二〇〇六年一月にイラクを訪問し、現地で二日間を過ごしたことである。報道によれば、彼は「安全なグリーンゾーンの外の地域に飛び、現場の米軍司令官たちと会った」という。一方、ブッシュ大統領がアフガニスタンを訪問したのは、一回きりである。情勢がかなり安定していた二〇〇六年三月一日に、カブールで「五時間」を過ごした。何の意味があったのか、疑わざるを得ない。

これを、いったいどう説明すればよいのだろうか。特にイラクの場合、長く混乱した戦争を煽り、何千億ドルもの戦費を要求し続け、米国民に現路線の維持を訴える指導者が、しかるべき時間を現場で過ごして現状を見ることさえしない。こんなことがあり得るのだろうか。

本物の司令官なら、自分の指揮下の軍隊に何が起きているのか、深い関心を示すのが当然である。ヒトラーほど執拗《しつよう》ではなくても、少なくとも定期的には、関心を持つべきだろう。だが、イラク戦争はブッシュ政権の主要な遺産となるはずなのに、最高司令官はその現場に近づくことに、ほとんど熱意を示さなかったのである。

ここから私は、二つの結論を引き出す。

第一にブッシュ大統領は、ハリケーン・カトリーナの直後にせよ、イラクの都市の荒廃した街路にせよ、あるいは九月十一日の同時テロ後の世界貿易センターの瓦礫《がれき》にせよ、災害や挫折の現場に近づくことが、気持ちの上で苦手なのである。

第二に、ケネディ暗殺の二の舞いを避けるため、米大統領はすべての危険から完全に守られるべきだという論議があるが、私には、それにくみすることができない。世界で最も重要な政策決定者が、まるで旧ロシア帝国の皇帝のように、あらゆる不快事から徹底的に隔離されている状態は、実に不健康である。大統領の記者会見は、だんだん事前の筋書き通りに進む無難な行事になりつつある。国家元首が批判者と論議する政治の場が存在していない。大統領の側近や警護関係者は、ありとあらゆる危険を排除すべきだと主張する。これらは不健康そのものである。

チャーチルとルーズベルトが最後に会った一九四三年一月のカサブランカ会議の後、参加者を運ぶB24輸送機二機のうち、最初の一機が墜落した。二機目への搭乗を前にしてチャーチルは、こう言った。「興味深い会議の最中にその場を離れるのは残念だ。だが、出発するのも悪くなさそうだ」。

チャーチル主義者を自称したがる米国の政治家、特に最高位にある人々は、考えを改めるべきだろう。

二〇〇八年八月発表

危険を冒すジャーナリストたち

「プレスへの攻撃」

現在の国際的な経済危機をめぐって、気の重くなるニュースが山ほど流れている。そこで私は、ここで別の話をすることを思い立った。この問題は、少なくとも私にとっては同じくらい心が乱れるのだが、世界のメディアの中では、驚くほど関心が薄い。それは、新聞やラジオ、テレビを通じて、犯罪や蛮行、腐敗を報じる勇敢な人々に対する、脅迫や投獄、攻撃が、この地球の実に多くの場所で、組織的かつ執拗に行われ続けていることである。

次に紹介するのは、凄《すさ》まじく独立心の強い民間団体「ジャーナリスト保護委員会」（CPJ）が毎年発表する素晴らしい報告書、「プレスへの攻撃」の最新版からの抜粋である。表現の自由に対する迫害を要約した文書は、これ以外にほとんど思い付かない。そしてその内容は、包括的かつ重要であると同時に、まったくもって唾棄《だき》すべきものである。単純に言えば、ほとんどの国家政府は、こうるさい記者たちが嫌いで、彼らの記事を潰すために最善を尽くしているのである。

実際、このコラムを書き終えるころに私は、政府やその他の強い勢力、たとえば麻薬組織や宗教過激派などが、彼らを批判するメディア関係者を踏み潰そうとしない国など存在するのだろうか、という疑問を持ち始めた。その答えは、有難いことに、力強い「イエス！」である。ただし国名のリストは短い。リベラルなオーストラリアとニュージーランド。公正な北欧諸国やオランダ、ドイツ、ベルギー。五〇年前とは大きく様変わりしたスペイン、ポルトガル、ギリシャ。そして、良識あるほとんどの湾岸諸国。これ以外にも、西インド諸島やその他、世界のどこか平穏な場所の何ヵ国かを、私は数え忘れているに違いない。だが全体として、間違いなく少数派である。

これとは対照的に、ジャーナリストや編集者、カメラマンたちが組織的に威嚇を受けている国の数が嫌になるほど多いことは、容易に予測できる。一部には、投獄や拷問、殺害が行われている国もある。たとえば、詰め込まれたジャーナリストで牢獄があふれかえっているような、悪質な小国ミャンマーがある。収監されている人々のほとんどが、「国家の独立ないし領土保全」に反した罪に問われている国、キューバがある。この罪状は、実に馬鹿馬鹿しいほど漠然としている。まさにこれは、朽ちかけているカストロ独裁政権の被害妄想ぶりを証明している。

当然のことながらここには、中国など、もっと大きな権威主義国家も含まれる。中国には、ＣＰＪの全記録の中で最長の投獄期間を持つジャーナリスト、林友平がいる。そしてロシアのモスクワには専門のマフィア機関があり、リベラルな新聞社を破壊する「家宅捜索」から、プーチン政権による国内独裁の強化を批判する勇敢な人々に対する、未解決の契約殺人に至るまで、あらゆることを行っているのである。

「プレスへの攻撃」が挙げる第一位の国は、いや、言うなれば最下位の国は、ロバート・ムガベ大統領が恐るべき収奪政治を行っているジンバブエである。ここでは、基本的人権の侵害が日常茶飯事である。つい最近も、一人の外国人特派員が、「ジャーナリストの仕事を行った」罪で告発されたという。記者が愛国的かどうか、どこにその一線があるのだろう。

希望は消えない

ニューヨークに本拠を置くＣＰＪの良いところは、他国の人権侵害だけをあげつらう米国務省の報告書とは違って、米国政府それ自体をも容赦しないことである。実際、米国に関する報告は、冒頭で単刀直入に、「海外のジャーナリストに対する政府の行動は、国のイメージに泥を塗っている」と述べている。そして、ロイター通信やＡＰ通信、カナダ放送協会

（ＣＢＣ）を含むジャーナリストたちを、理由もなく何ヵ月も拘禁した事実を詳細に記している。

ＡＰ通信のカメラマン、ビラル・フセインは、起訴されないまま、二年間にわたり米当局に拘禁された。彼を捕えた米軍部隊は、二〇〇五年ピューリッツァー賞の速報写真部門の共同受賞者であることを、はたして知っていたのだろうか。フセインが毅然《きぜん》とした態度で獄から歩み去り、彼の高潔さと勇気が世界から称賛されたのは、驚くべきことではない。そして捕えた側もまた、信用を失墜したまま歩み去ったのである。

これは、冷水を浴びせられるような話である。だが、ある意味で、今年度版「プレスへの攻撃」から引用できる、最も良いニュースかもしれない。右派から左派まで、たまたまあらゆる種類のメディアから支持されるＣＰＪのような独立組織が、いまでは前政権になってしまったが、自分の国の政府を、罪名なしにジャーナリストやカメラマンを投獄したとして、進んで糾弾しているからである。この事実は、威嚇と迫害がはびこることは許されない、いや許すべきではないという、健全な信念が存在することの証である。

しかしながら、当面、こうした蛮行は続くだろう。スーダンやベネズエラ、ミャンマーその他の、神に見放された場所で、何かに怯《おび》える政権が、外国人ジャーナリストに対して、いやそれ以上に、彼らの恐るべき悪行を白日のもとにさらす国内反政府派に対して、嫌がらせを続けるだろう。

これは、予期されたことである。読者は、ジョージ・オーウェルの憂鬱な名作『一九八四年』の最後の何ページかを思い出すだろう。しがない主人公のウィンストンは、新聞報道を恒常的に操作する、つまり歴史を恒常的に書き換える仕事に励んでいる。ここでは、たとえ明白に馬鹿げたことでも、独裁政権が宣言するものがすべて真実となる。悲観的で死の病に冒されていたオーウェルは、暴君が批判者の顔を長靴で踏みつけるような未来が、永遠に続く可能性を恐れていたのである。

この驚くべきCPJ報告書が集めた話の一部を読んでいると、まさに、そうしたみじめな未来が人類を待っているような気がしてくる。だが、全体を眺めると、まさにその反対の教訓が得られる。たとえミャンマーやキューバの牢獄で何年も苦しんでいても、屈従を拒否する意気軒昂な人々がいる。その家族や友人たちは、決して希望を放棄することがない。そして、CPJだけでなく、アムネスティー・インタナショナルやヒューマン・ライツ・ウォッチその他、無数の関係当事者による素晴らしい協力網がある。いつか、こうした迫害が正面から非難される時が訪れる。そういう思いを、これらすべてのものが支えているのである。

ただしそれは、右から左へと簡単には行かないだろう。人権を侵害する悪質な政権は、荒々しく乱暴であることを自負している。彼らが一戦交えることなく、嘲笑されて世界の舞台から押し出されることなどありそうもない。だが、二一世紀のどこか早い段階で、彼らが歴史の屑籠に消える可能性は、実に大きいと思われる。そして「プレスへの攻撃」を読みさえすれば、誰にでもその理由が分かるはずである。

二〇〇九年三月発表

ノーベル委員会のおかしなメッセージ

混乱する授賞理由

英国の昔の喜劇映画『モンティ・パイソンのライフ・オブ・ブライアン』には、イエス・キリストの「山上の垂訓」に野卑な群衆が集まる場面がある。マイクもスピーカーもないので、キリストの言葉を、前列の人が後列の人に、口頭で順繰りに伝えた。その結果、「ピース・メーカー（平和を作る者）」が「チーズ・メーカー（チーズを作る者）」に変わるなど、キリストのメッセージは訳の分からないものになってしまったのである。

米国のオバマ大統領がノーベル平和賞を受賞するという驚くべきニュースを聞いた時、私は、ノルウェーのノーベル委員会が連発した、同じように訳の分からない授賞理由を思い出さずにはいられなかった。

そもそもノーベル平和賞には、大きな皮肉がつきまとっている。創設者アルフレッド・ノーベルは、ダイナマイトの発明と製造で富を築いた人物だからである。これはたとえば、水爆の発明者が、環境保護の推進に賞を出すようなものである。

世界で最も有名なこの賞は、戦争を平和に変えた政治家に贈るべきものなのだろうか。国際的な相互理解に生涯を捧《ささ》げた人に贈るべきだろうか。平和運動家に贈るべきだろうか。何かの組織に贈るべきだろうか。それともオバマ氏の場合のように、平和への今後の努力を奨励するという、特定の意図を込めて贈るべきだろうか。つまり業績よりも約束に報いるべきなのだろうか。

一九〇一年に、最初の平和賞が国際赤十字の創設者アンリ・デュナン（スイス）と平和運動家フレデリック・パッシー（フランス）の二人に贈られて以降の長い記録を吟味すると、いま挙げた授賞理由がすべて存在する。まるでオスロの委員会は、どんな理由で決定するのか、予測不可能で混乱していることを、楽しんでいるかのようである。

賞は数年おきに組織に贈られてきた。赤十字は三回受賞した。一九一〇年には、「常設国際平和局」なるものに贈られた。最近では「地雷禁止国際キャンペーン」や「国境なき医師団」に贈られたが、これらはまだ妥当だった。

だが、二〇〇一年の国連の受賞には、国連好きの私も含め、多くの人々が当惑した。国連や一九六九年の国際労働機関（ＩＬＯ）への授賞は、ノーベル物理学賞をベル研究所に贈るようなものである。

これとは反対に理解しやすいのは、人々の生活条件や人権の改善のために、あるいは世界平和のために、生涯を費やした個人への授賞である。その第一のグループは、アルベルト・シュバイツァー博士（フランス）、マーチン・ルーサー・キング牧師（米国）、アンドレイ・サハロフ博士（ソ連）、アウン・サン・スー・チー氏（ミャンマー）らの著名人である。

第二のグループは、ロバート・セシル卿（英）、デズモンド・ツツ主教（南アフリカ）らの平和運動家たちである。告白すると、一九〇一年から二〇〇九年までの受賞者の全名簿を眺めた時、名前の半分は初耳だった。だが、少なくともいま挙げた一連の人物は、軍縮や人権、言論の自由、国際的な各種の宣言などを好ましく思わない人々を除けば、誰もがうなずく名前ばかりである。

授賞が逆効果になることもある。スー・チー氏への授賞は、ミャンマー軍事政権による拘禁の長期化につながったのかもしれない。だが、それが同政権の悪質さを浮き彫りにしたのも確かである。

ノーベル委員会は未知の領域へ

もっと論議に値するのは、現職の政治家への授賞である。その筆頭は、米国のセオドア・

ルーズベルト大統領である。この人物は熱烈な帝国主義者であり、一八九八年の米西戦争では、義勇騎兵隊を率いて活躍した。大統領としては、大規模海軍を構築して中南米を威嚇し、カナダ・アラスカ国境問題でカナダに譲歩を迫り、パナマ運河地帯の永久租借権を手に入れた。そして日本とロシアを懐柔し、日露戦争を終わらせたことで、一九〇六年に平和賞を受賞したのである。

かくして、「好ましい取引への褒賞」という部門が確立されたのである。

国際連盟を推進したウッドロー・ウィルソン大統領（米国）、ロカルノ条約で仏独和解をもたらしたアリスティード・ブリアン（フランス）、グスタフ・シュトレーゼマン（独）の両首相、東西冷戦の緊張緩和に努めたウィリー・ブラント首相（西独）、ベトナム和平交渉のヘンリー・キッシンジャー国務長官（米国）とレ・ドク・ト労働党政治局員（ベトナム）、実質的に冷戦を終わらせたミハイル・ゴルバチョフ大統領（ソ連）、エジプト・イスラエル和平を実現したアンワル・サダト大統領（エジプト）とメナヘム・ベギン首相（イスラエル）らがそれにあたる。

だが、いま振り返ると、少し早すぎたものや、オスロの委員会が、成果よりも期待感に基づいて授賞したように見えるものもある。ヤセル・アラファト議長（パレスチナ解放機構）、シモン・ペレス大統領（イスラエル）、イツハク・ラビン首相（同）の三人は、イスラエルとパレスチナの和解をもたらしたとして受賞したが、それはまだ実現していない。キッシンジャー、レ・ドク・トの両氏が受賞した後も、ベトナム戦争は続いた。賞を辞退したレ・ドク・ト氏は、賢明だったのかもしれない。

最後に特筆に値するのは、ノーベル委員会が二つの世界大戦中に、授賞を中断したことである。負傷者と戦争捕虜の救済に尽力した赤十字国際委員会に対して一九一七年と四四年に賞を贈ったのは、例外的なものだったのである。

しかし在職わずか九ヵ月のオバマ大統領に贈られる二〇〇九年の平和賞は、いま挙げたどの範疇にもあてはまらない。知らせを受けた大統領は明らかに驚き、謙虚さと、いさぎよさと、困惑が入り混じった、いかにも彼らしい表情を見せた。そして、いまやこの受賞を、米国が多極主義的で友好的な政策に立ち戻ったことを、古い欧州が認めた証拠にしようとしている。

この受賞は、オバマ氏にとって妨げになるのか、それとも助けになるのか。それを考えるのは政治評論家たちの仕事である。だが、傍目《はため》には、ノーベル委員会が未知の領域に迷い込んでしまったかのように見える。

そこは、本来の姿から、かなり離れた場所である。委員会が伝えようとしているメッセージは、勇ましい「ネオコン」の耳にも、落胆した平和活動家の耳にも、同じように不可解に響く。それはまさに、「チーズ・メーカーは幸いなり」と言っているように聞こえるのである。

二〇〇九年十月発表

タリバンvs.国際市民社会

ほぼ二世代前のことである。第二次世界大戦の灰の中から、我々の先達たちは、地球規模の市民社会という考え方と、そのための諸制度を我々に残してくれた。その理想は、フランクリン・ルーズベルト大統領が提唱した「四つの自由」と、一九四一年に米英が合意した「大西洋憲章」、国連憲章の偉大な前文、そして人々を惹きつける一九四八年の世界人権宣言の中に盛り込まれている。

これらは我々に対して、多くの人権の存在を、そしてひいては、多彩な未来の存在を指摘する。だが、その鍵を握っているのは、法の支配、言論の自由、そして有権者の意思を代表する政府を作るための、投票の自由である。

そしてきわめて重要なのは、現在の国際秩序の創始者たちが、すべての市民が負うべき一つの責任を指摘したことである。それは、総選挙が野党の成功に道を開き、政権が交代することになった場合には、その平和的で公正な選挙の結果を受け入れることである。

英国にせよ、日本やブラジル、インドにせよ、成熟したすべての民主主義国は、選挙で敗北した与党がおとなしく勝者に政権を引き渡すことは当然だと思っている。だがそれ以外の、自由な言論と自由な選挙を脅威と感じる強権勢力が存在する国々では、そうはいかない。

国連の選挙監視

この問題に関しては、興味深くきわめて重要な側面がもう一つある。これは、世界のメディアがもっと関心を持つに値する。つまりそれは、投票を確実に公正なものとすることである。ほぼ二〇年間にわたって国連は、その多くの責務の一つとして、協力を求められた時には国政選挙の公平な監視者の役割を演じてきた。これは、単純だが本質的に理にかなった考え方である。

内戦や数十年にわたる独裁支配から脱したばかりの国々は、長きにわたって、いや時にはまったく、公正で自由な選挙の経験を持っていないかもしれない。多くの場合、選挙戦に参加する政党は、人種や言語、地域、宗教、階級の線引きに沿って分かれる。対立候補は、しばしば最近までの敵である。したがって、誰でも正気の持ち主なら、「相手」が選挙管理を行い、票を集めて数えることに賛成できるはずはない。何年も戦い、国連が仲介する休戦に渋々応じたのに、票の操作や暴力事件によって選挙戦が歪曲《わいきょく》されるなんて、とんでもない！

かくして、国連の監視による選挙管理が、現地の手詰まり状況の解消につながる。多くの場合、米国のジミー・カーター元大統領や黒人のジェシー・ジャクソン牧師、コスタリカの*オスカー・アリアス大統領などの世界的な著名人が上級委員会を構成し、その選挙に重みを与える。また、彼らの存在が、一部メディアの関心を呼ぶ。

もっと重要な現地での作業は、世界各地から集まった経験豊富な監視員によって遂行される。彼らは、その国の全国の投票所に派遣される。そして投票箱の隣に座り、投票時間が終了すると、しっかりと票を数える。その際、有効投票かどうかをいちいちチェックする。これは、識字率がきわめて低い地域では容易なことではないが、彼らはそれをこなしてきたのである。

たいていの場合、国連による警護の下に、投票箱は中央の得票計算所に送られ、全国の得票数が発表される。さらに重要なのは、選挙が真正で公正なものだったかどうかに関する声明を、選挙管理責任者が出すことである。局地的に怪しげな投票があることや、たとえば二〇〇〇年にフロリダ州であったような、技術的な不備が起きることは、国際監視団にとってほとんど常識である。だが、全体として選挙過程が機能していれば、その選挙は、国際社会から「品質保証マーク」をもらうことになる。

こうした国連の特別措置は、二〇年近く前のナミビアと南アフリカから始まった。それ以来、はるかカンボジアやシエラレオネなどの地にまで広がり、「民主主義の拡散」を唱える一部の西側政治家たちの陳腐な説教よりも、はるかに大きく世界平和に貢献している。結局のところ民主主義が「拡散」するのは、地面の上だからである。

タリバンの選挙への攻撃

しかしながら、ここからが核心である。反民主主義的な特権層や、過激な反政府派や興奮した原理主義者たちが、憲法に基づく諸権利と自由な議会の伸張を阻止する決意を固めているような、世界中の問題含みの場所で、自由で公正な選挙を行うこと自体、危険な仕事である。選挙監視員たちはまさに、イエス・キリストが山上の垂訓で称賛した「平和を作る者」である。だが、イエス自身が悟り経験したように、正義と自由のために闘う人は、暴力的な反発を招く可能性もまたきわめて高い。

もちろん、公正で自由な選挙が、暴力の度合いは低いが、もっと狡猾な方法によって阻害される可能性もある。そこには、与党に好都合な選挙区割りや有権者グループの買収、投票箱の横取り、得票数の水増し、さらには、投票相手を間違えたら家財をなくすぞ、という脅しなど、あらゆる方法が含まれる。

一九世紀初めの英国の「腐敗選挙区」や、一九三〇年代のシカゴの選挙区などで行われた不正投票を目撃した人だったら、これらの手口のどれを見ても驚かないだろう。つまり、自由な社会が、選挙が公正な社会にまで成長するには、時間がかかるのである。だからこそ、おそらく国連の選挙監視員たちも、誕生したばかりの民主主義国の選挙が「全体として公正」なら、国際基準を満たしているという報告書を書くのである。

だが問題は、アフガニスタンのイスラム原理主義勢力「タリバン」のやり方である。公正で自由な選挙に対する彼らの攻撃は、規模がまったく違う。要するにタリバンが関心を持っているのは、投票操作ではなく、選挙過程それ自体を滅ぼすことである。さもなければ、献身的な選挙監視員たちが居住していたカブールの国連事務所構内に対する、十月二十八日の意図的な攻撃を説明することはできない。この攻撃で、監視員五人に加えて、アフガニスタン人の治安担当官二人と民間人一人が殺されている。

AP通信によれば、「タリバンが攻撃の責任を認め、最近の大統領選挙で働いている国連職員を意図的に標的にしたと述べた」という。国連職員に対する意図的な攻撃。つまりこれは、文明対蛮行の闘いである。その意味では、十月初めにイスラマバードで、世界食糧計画（WFP）の職員五人が自爆攻撃で殺されたことも、ここに付け加えるべきだろう。この世のみじめな人々に食物を運ぼうとする勇敢な人々を殺害することは、良心にもとる行いである。

もちろん、良心にさいなまれる西側の民主主義諸国は、アフガニスタンの危険な地域から国連職員二〇〇人を引き揚げるという潘基文《パンギムン》事務総長の決定は良い考えだ、と言って賛成するだろう。そして一部の国は実際に、いっそうの軍事的な保護、つまり軍隊を提供するかもしれない。

ロシアと中国の出番

だが、私の感覚では、二〇近い国際紛争や内戦に悩まされている現在の世界において、これらの西側諸国は、概して最善を尽くしていると言えるだろう。もちろん、消極的な国もあるが、本当に無理をして支援している国もある。国連の文民職員に対する保護の強化を求める事務総長の声に応えるためには、欧州諸国やカナダ、オーストラリアや、責任感の強い一部の中南米諸国などの、いつもの国々だけに頼ることはできない。国際社会は、これ以外の国々にも支援を要請して然るべきである。

国連に課された多くの責務について調べればすぐに分かることだが、国際的に特別の責任を負っているにもかかわらず、大きく出遅れている国が二つある。それは、ロシアと中国である。一九四五年に両国は、米英仏とともに、安保理常任理事国の特権を与えられた。つまり両国は、世界の平和を擁護し、国連憲章の目的を維持するため、指導的な役割を演じなければならない。ところが両国とも、利己的で神経質な理由から、みじめなまでに自分たちの義務を果たしていないのである。

私は、こう思う。ロシアと中国が登板すべき時が来た。国連の目的と責務を遂行するために努力している、勇敢だが無名の国連職員たちを守る仕事に、彼らも加わるべき時が来た。ところが彼らは、安保理決議に参加しておきながら、現地で本当に必要な支援を要請されると断るという、実に否定的で貢献度に乏しい役割を演じてきた、と。

つまり私の念頭にあるのは、国連の選挙監視員や援助機関の職員に対する、邪悪そのもののタリバンの攻撃だけではない。特権を主張しながら責任は回避する、一部の大国もまた問題である。

賢明な一八世紀英国の哲学者エドマンド・バークは言っている。善き人が何もしなければ悪がはびこる、と。

二〇〇九年十一月発表

*二度にわたりコスタリカ大統領を務める。中米和平への貢献で一九八七年にノーベル賞受賞。

聖金曜日に西へと歩く

カトリック教会の性的虐待問題

一六一三年の復活祭前の聖金曜日に、英国の著名な詩人で、ロンドンのセント・ポール寺院の司祭だったジョン・ダンは、公用で英国西部に派遣された。彼は、夕陽に向かって馬で進んでいる時、自分が聖地エルサレムに背を向けていることに気づいた。キリストの十字架と死の場所からますます遠ざかっていることに、困惑を覚えたのである。後悔の思いの中で詩人は、彼の作品の中で最も美しく有名、かつ最も難解な詩の一つにペンを走らせた。「聖金曜日、一六一三、馬で西へ」

先週金曜日の午後、つまり四月二日の聖金曜日に私は、ケンブリッジ大学のカトリック礼拝堂で、午後三時の厳粛な礼拝に参加した。それから西に向かって歩き、街外れにある小さな別荘に行った。私の心は、現在のカトリック教会指導部もまた、どこか間違った方角に向かっているのではないか、漂流しているのではないか、という深い憂慮で乱れていた。私の念頭にあったのは、世界各国で多数のカトリック聖職者が、児童への性的虐待で告発されていること、そして教会が、その国際的な危機に、まったく対応できないように見えることである。そんな私に対して、敬虔な友人たちは、教会は過去二〇〇〇年にわたって、もっと大きな多数の危機を乗り越えてきたのだから、今度も生き延びるよ、と請け合ってくれるだろう。たぶん、彼らの方が正しいのだろう。だが、これほど無力で醜悪な形で「生き延びる」必要があるのだろうか。私には、そうは思えない。

私のように神学とは疎遠な者が今回の危機について言わせてもらえるなら、このきわめて厄介な問題に関して、教会は自らの立場をもっと決定的に明確にする必要がある。ただしその発表は、猟犬のように吠えたてるメディアに対して行うべきではない。神様お許しを！　そう、記者会見を開くべきではない。たとえば『ニューヨーク・タイムズ』紙の記事に関して、ここは教皇制の否定ではないか、こちらはローマ法王ベネディクト一六世の否定ではないか、などといったあら探しの泥沼に入り込むべきではない。教会批判派を反ユダヤ主義にたとえるなどという、愚かなことをするべきではない。これらはすべて、論議の質を低下させるだけである。より良い答えを待ち受けている、すべての心あるカトリック教徒を落胆させるだけである。

バチカンに求められる「宣言」

では、どのような内容の宣言をするべきか。その論理を組み立てるのに、ロケット科学者も、バチカン専属の天文学者も必要ではないのは確かである。そして、相互に関連する四項目に分けて発表した方が良いかもしれない。

第一は、権力と信頼に乗じた虐待行為は、教義に照らして邪悪そのものだという、可能な限り強力な宣言である。とりわけ問題は、無防備な者や若者への虐待である。これに関して断固たる態度を示したのは、キリスト自身だと思われる。キリストは、不貞を犯した女を許した。売春婦のマリー・マグダレーナを許した。十字架にかけられた盗人を許した。短い布教活動の中で、あらゆる種類の人々を許したように見える。だが、若者を虐待した者だけは例外だった。

そのことは、私の手元にある一六一一年版の英訳聖書、いわゆる「ジェイムズ王訳」のルカ福音書一七章を読めば、何よりもよく分かる。キリストは言う。使徒も人間である以上、将来、罪が訪れることは「避けられない」だろう。「だがそれを、自分を通してもたらす者に災いあれ。その者が首に石臼をかけられ海に投じられる方が、その者が小さき者たちの一人に罪を犯させるよりましである」。

教会はあれこれ過剰反応しているが、それよりもっと真剣に考えるべきものはこの言葉だと、私には思えるのである。

第二は、すべての聖職者に対して、またカトリック学校の教師など、権力を持つすべての人々に対して、性的虐待は死に値する宗教上の罪であるだけでなく、世俗刑法の重大な侵犯であることを、肝に銘じさせることである。犯人は、自分が所属する宗教共同体の内部で有罪であるだけではない。あらゆる文明社会において、世俗法廷で裁かれ罰せられるべき存在なのである。

いまは中世ではない。世俗法廷を拒否できる「聖職者の特権」などまったくない。法衣をまとう者が盗んだり騙したり、無謀運転をしたり、隣人を傷つけたり殺したりすれば、あるいは何か民法で禁じられていることをすれば、その者は世俗の裁判にかけられなければならない。教区や世俗の国家を超えたどこかに管轄を移すことなど、できるはずがない。

第三は、虐待を行った者の監督者に対する、良識的かつ公正な処分を明確にすることである。これは、言うは易く行うは難し、である。そしておそらく、何段階かに分けた方が効果的だろう。自分の教会の誰かが虐待を行って、それを隠そうとしていることを、教会上層部が本当に知っていたら、あるいはきわめて強い疑惑を抱いていたら、その監督者は、道徳的・宗教的にも市民感情としても、共犯者である。市民の法制度の対象にするのは無理だとしても、その監督者自身も追い払うべきである。厳格なベネディクト会の修道院には空き部屋がたくさんある。この悩み多き世界の善と悪の問題について反省したい者にはもってこいである。また、海外の布教活動や医療本部もたくさんある。そこに行けば、聖職位階制の特権を剝奪《はくだつ》された「働く司祭」として、聖ヴァンサン・ド・ポールやマザー・テレサのような貧者救済の道に、身を捧げることができるだろう。

こうした処分は、大いに尊敬されていた司祭に対する告発を、単に本気で信じられなかった監督者や、告発者は精神不安定で誇大妄想だと思い込んだだけの監督者にとって、厳しすぎるかもしれない。とはいうものの、教会の対応として、「感受性トレーニング」の大特訓計画などでは、とうてい不十分である。一連の早期退職を実施すれば、カトリック聖職位階制度の、年齢構成の改善にも役立つだろう。

そして最後の第四点は、異なる方向のものである。つまり、無実の聖職者に対して意図的に、二〇年も四〇年も昔に虐待を行ったという嘘の告発を行った者は、道徳的に恐るべき罪を犯しただけでなく、国家の法律もまた破っている。虚偽の証言は、宗教上の罪であると同時に、刑法犯罪でもある。これは特筆する価値がある。なぜなら一部の司教は、これまでの怠慢を、なりふり構わず埋め合わせようとして、「誰でも有罪とされるまでは無罪である」という英米法の古い原則を覆し、告発がありさえすれば司祭を停職にしているからである。

真実が決して現れない場合もあるかもしれない。「一人はこう言い、もう一人はああ言う」という、じれったい状況になるかもしれない。誰かが自分自身に嘘をついているのだろう。いまでも死後の世界があると信じているのなら、いずれ天国の門前で聖ペテロに、その偽証について少々釈明する必要がある。いずれにせよ、現在と過去のすべての教会関係者に対して、嘘の告発を行うのは重罪だということを、思い出させるべきである。そうした内容が宣言に盛り込まれて然るべきだと、私は思っている。

品格と知性をもって

振り返ると、私は運が良かったのかもしれない。私は七歳から二十一歳まで、カトリック教会で司祭の助手を務めた。しばしば早朝や深夜に、司祭や司教とともに働いたが、何も起きなかった。カトリックのボーイ・スカウト隊に入り、カトリックの隊長たちと付き合ったが、何も起きなかった。私は十一歳から十八歳まで、素晴らしいカトリック男子校に通った。そしてカトリックの教師たちと一緒に、キャンプや行進やユースホステル泊まりを経験したが、やはり何も起きなかった。そして、おそらく言うまでもないことだが、過去六〇年にわたり、日曜礼拝をほとんど欠かしたことがない。

そうした虐待とは無縁の場所で、私に起きた最良のこと。それは、チョーサーやシェイクスピア、ジョン・ダン、ワーズワース、ブラウニング、ハーディー、オーウェル、P・G・ウッドハウスなどを実に大量に学んだこと。そして、いかにして明晰《めいせき》な頭で考え、いかにして分かりやすい文章を書くかを、毎日教えられたことである。

その私から見ると、ローマ・カトリック教会は、過去のバチカン外交団が世界のどこでも経験したことがないような下手なやり方で、性的虐待スキャンダルに対処しているだけではない。自分自身をどう説明するのか、自分自身をどう語ればいいのかが分からない。教会の内外の人々が、なぜ、どれほど怒り悩んでいるのかを、どう理解すればいいのかが、分かっていないように見える。

教会の運命は、長い巡礼を続ける人や、砂漠をゆっくりと行く隊商など、様々なものにたとえられてきた。もし、そうした比喩《ひゆ》が適切だとすれば、巡礼は森で迷い、ラクダの隊列は砂嵐に遭遇したのだろう。いまや品格と知性をもって事態に直面すべき時である。いまさら胸を叩いて後悔して見せたり、言葉を濁したりしている暇はない。そして、若いころの罰当たりなものでも、後年の敬虔なものでも、もう少しジョン・ダンの詩を読み、我々の丸い地球と、その上に住む人類という奇妙な存在に関して、もっと理解を深めた方が良いのではないだろうか。

二〇一〇年四月発表

偉大な指導者は歴史を作るのか、時流に乗っただけなのか

チャーチルが歴史を変えたか

七〇年前の英国に、がっしりした体格で毀誉褒貶《きよほうへん》が激しい、保守党の政治家がいた。一九四〇年五月十日、その男はバッキンガム宮殿に入り、国王ジョージ六世の謁見《えっけん》を求めた。国王は彼に、首相となって政府を作るよう求めた。ウィンストン・チャーチル。それが、この新首相の名前だった。

当時も、そして現在も、融和的なネビル・チェンバレンが舞台の下手から去り、偉大な戦争英雄チャーチルが上手から登場したこの指導者交代劇は、決定的な出来事と見なされている。一九三〇年代という、英国にとって曖昧《あいまい》で不正直な一〇年間は去った。いまや「血と汗と労苦と涙」の時期が訪れた。そして、苦闘の末に勝利を手にした。偉人の重要性に関する歴史家トーマス・カーライル*の主張を証明するものがあるとすれば、まさにこれがそうだっ

たと言えるだろう。

カーライルが示唆した指導者中心の歴史観の正当性を支えるような、同時代の証拠は豊富に存在する。たとえば、四五年四月に地下壕《ちかごう》の中で死ぬまでカーライルを称え、その著書を読んでいたヒトラー、あるいはソ連のスターリンや米国のルーズベルトなどである。

そして、チャーチルの登場が多くを変えたことに、疑いの余地はまったくない。彼は英国を見事にまとめ上げた。労働党と自由党の政治家を挙国一致の「戦争内閣」に引き入れ、クレメント・アトリー労働党党首を副首相に据えた。複数あった防衛司令系統を一本化した。そして、巨大な指揮権を手中にした。

チャーチルは、かのシェイクスピア以来と言われる、驚くべき修辞術の才能を発揮し、国民を発奮させた。戦時中の彼の偉大な放送演説の録音を聞き直すと、いまでも少し目頭が熱くならざるを得ない。この新首相は、まさに英語を動員して戦場に送ったのである。チャーチルは、敵のファシストを倒すために、ヒトラーを打倒するために、新兵器や新しい戦争形態など、ありとあらゆる新しいものに対して、信じられないほどの興味を示した。そして英国だけでなく、多数の弱小国にも再び力を与えた。米国でも英国でも、二〇世紀最大の偉人として常に彼の名前が挙がるのは、まったく不思議ではない。

確かにチャーチルは、世界史に名前を残した。だが、彼を含め、過去の偉大な人々は、本当に国際的な出来事の潮流を変えるような、決定的役割を果たしたのだろうか？

この一般命題は、過去二〇〇〇年以上にわたり、歴史家や哲学者や政治学者たちの関心を集め続けてきた。これは、時代の変化とその因果関係に関する疑問である。いったい、何が歴史の流れを変えるのだろうか？

歴史の潮流には逆らえない

興味深いことに、カーライルの指導者史観に対する最も重要な挑戦は、彼と同時代の亡命ドイツ人からもたらされた。非観念論的な哲学者、歴史家、そして政治経済学者の、カール・マルクスである。彼は、古典的著書『ルイ・ボナパルトのブリュメール一八日』で次のような有名な一節を披露している。

「人間は自分自身の歴史を作る。だがそれを、自分の好きなように作るわけではない。自ら選択した状況の下で作るのではなく、過去から与えられ伝達された、すでに存在する状況の下で作るのだ」

この言葉は、どんなに強力な人々も、時間と空間によって、地理と歴史によって制約を受けていることを、我々に思い出させてくれる。

チャーチルも例外ではない。膨大な権限を手中にしたものの、ナチ電撃作戦が欧州を席巻し、英軍をノルウェーやフランス、ギリシャ、クレタ島などから追い落とすことを阻止できなかった。日本軍が香港やマラヤ、シンガポール、ビルマなど、極東の大英帝国領を瞬く間に占領するのを、阻止できなかった。ソ連赤軍が東欧をのみ尽くすのを阻止できなかった。そして、いかに彼が果敢でも、愛する大英帝国の没落を阻止することはできなかったのである。

つまりチャーチルは、戦争指導者として傑出していたが、歴史の大きな潮流を変えることはできなかった。マルクスが述べたように、受け継いだ限界の枠内で、政策を作らざるを得なかったのである。実際、一九四〇年代にはすでに、アジアの興隆と欧州の相対的な縮小をもたらす力が奥深い底流となって、世界の地政学的な構図を変え始めていた。その流れが、いまもなお続いているのは明白である。

この話は、現在の国内政治と国際政治にも通じる。我々は、政治家の個性にこだわりすぎている。この病気から、決別するべきである。

いま英国では、連立を組んだ保守党と自由民主党の二人の党首が新時代をもたらす、という期待感が高まっている。だが彼らも、巨大な財政赤字や、手を広げすぎた軍隊、移民問題、欧州とのいびつな関係などの限界を抱えている。**

また、ロシアの支配者プーチン氏は、銀行家を投獄したり、西側のエネルギー企業をいじめたり、軍事力で威嚇したりすることができる。だが、アルコール依存症の蔓延《まんえん》や人口構造の衰退、不順な気候、少数派の漏らす不平、活力を失った社会秩序などを、どう変えることができるだろう。

米国のオバマ政権も同じである。これまでの彼らの政策は、要するに、船のマストの損傷を抑え修理することでしかなかった。それ以外に何かあっただろうか？

オバマ政権は、米国の銀行制度と国際金融秩序が崩壊しそうに見えた時期に発足した。アフガニスタンの「勝てない戦争」を引き継ぎ、長期的な対応策に、いまも苦慮している。環境被害もまた引き継いだ。緩慢な規制と自然資源の浪費が原因そのものというわけではないが、それによって被害が深刻化したのは確かである。そして彼らが統治している国の、特に都市の下町地区では社会組織が荒廃しているが、それを繕《つくろ》う資金はない。

確かに、オバマ氏の選挙戦は驚くべきものだった。だが、それに目がくらんだ人々とオバマ政権は、過大な期待感と誇張された約束を抱えて、現在の政治・経済情勢に足を踏み入れているのである。

米大統領と連邦議会の権限は巨大であり、国内的にも国際的にも、改善に向けて理にかなった多くの事柄を実行できる。だが、その権限にはすべて限界がある。この事実に対して、国家指導者は謙虚であるべきだ。自画自賛的な米国の政治家たちも、少しはマルクスの警句を読めばいい。当選したら世界を変える、などという軽率な約束をしなくなるかもしれない。

二〇一〇年五月発表

＊一九世紀英国の歴史家。「世界の歴史は偉人たちの歴史に他ならない」と論じた。
＊＊二〇一〇年五月の総選挙でキャメロン党首率いる保守党が勝利したものの過半数に足りず、クレッグ党首の自由民主党との連立政権が発足した。

ダボスの人々と現実の世界

失敗からの復活

毎年初めにスイスのダボスで、世界経済フォーラム（WEF）が開かれる。かつて、この「ダボス会議」への出席が、本当にわくわくする御馳走だった時代がある。それは単に、私のような一学者でも、世界の指導的な銀行家や経営者、国家指導者などと懇談する機会が持てたからだけではない。まず何よりも、抜け目のない名主催者のクラウス・シュワブ教授が、ほとんど毎年のように、政治的な「ビックリ箱」を用意してくれていたからである。

ソ連の驚くべき改革者ミハイル・ゴルバチョフが会議に参加する。南アフリカのデクラーク大統領とネルソン・マンデラが人種隔離政策「アパルトヘイト」の廃止を交渉する。あるいはヤセル・アラファト議長がパレスチナとイスラエルの和平について私的な対話を行う。こうしたニュースを耳にして、興奮しない者などいるだろうか。地球規模の視点だけでなく、地球規模の行動を訴えるビル・クリントン米大統領やトニー・ブレア英首相の雄弁に、胸を打たれなかった者がいただろうか。

その後、年次テーマの力点が経済やハイテクに移り、現実の国際情勢から離れるにつれて、会議の魅力は少し薄れた。「シリコンバレー」の勇敢な起業家たちに大儲けをもたらした、新たなインターネット関連産業、いわゆる「ドットコム」企業の世界の登場で、一時的に興奮が盛り上がった。だが、数年後にはいくつかの「ドットコム」企業が破綻寸前に陥り、以前の興奮は茶番劇のように見えた。世界で唯一の超大国、米国は、ますますダボスに関心を払わなくなった。二〇〇一年九月十一日の米同時多発テロ事件を受け、フォーラム会場が急遽《きゅうきょ》ニューヨークに移されたが、組織運営は惨憺《さんたん》たるものだった。教訓。マンハッタンの中心で真剣な会議を開いてはならない！

だがフォーラムは、その大失敗から勇敢に前に進んだ。そして、常に新鮮なテーマを発見した。アジアの台頭、企業のグローバル化、そして二〇〇八年の世界金融危機である。だが、時折り、裕福な会議参加者たちの楽観主義は搔《か》き乱される。たとえば、二〇〇一年からブラジルのポルトアレグレで始まった「反」ダボス会議、特権を持たない民衆の立場から考える「世界社会フォーラム」での公開論議である。地球規模の穏健な立場で考えるダボス会議の参加者たちは、これを見て、文字通り衝撃を受けた。彼らが擁護するすべてのものが、あまりにも激しい攻撃にさらされたからである。

アラブ世界の崩壊の傍で

そして今年も一月末に、世界経済フォーラムが開催された。テーマは地味で入り組んでいるが、重要なものだった。銀行システムの改革。貿易不均衡の是正。政府債務への対処。そしてEUの解体の阻止。これらすべてが、世界のメディアによって、特に経済関係の新聞によって、いかにも大切そうに報じられた。この会議が時代遅れになりかけていることを伝えたのは、英『フィナンシャル・タイムズ』紙のギデオン・ラッチマン論説委員など、一握りの鋭敏な記者だけだった。

実際、会場から一三〇〇キロメートル南のチュニジアでは、四半世紀にわたってベン・アリ政権が敷いてきた、強固な政治的圧政の留め金が吹き飛んだ。一七八九年フランス大革命の初期のように、自分たちの行き先はほとんど見えていなかったが、怒れる民衆が街頭に出て、無秩序ながらも、一心に旧政権を打倒したのである。その数日後にアルジェリアで地鳴りがしたかと思うと、次にはイエメンで大勢の民衆が街頭に出て、もう一つのアラブ独裁政権を追い落とそうとしている。

そしていま、ダボスで多数の作業部会が行われ、土曜日の夜に参加者だけの正装ダンス・

パーティーが開かれ、翌日曜日朝にはスキーを楽しんでいる真っ最中に、エジプトが爆発したのである。ホスニ・ムバラク大統領の軍隊は大きく、見た目は立派で、米国とフランスから支給された装甲兵員輸送車など十分な装備を持っている。だが、たとえ改革派の弾圧に成功したとしても、事態は決して元に戻らないだろう。過去何年も、何十年も、学者たちは、北アフリカ全体が政治的な火薬箱であることを警告してきた。そして、告発サイト「ウィキリークス」を見る限り、米国の老練な外交官たちも同じ判断だったようである。だが、彼らの声に、誰か耳を傾けたのだろうか。「アラブ世界の崩壊」などの時事問題は、ダボス会議の議題になっていたのだろうか。

世界の指導的な経営者や銀行家、ヘッジファンド投資家、そしていわゆる「リスク評価」企業の連中は、いまや彼らだけの独占的な環境、いわば「アンシャン・レジーム」の旧体制の中で生きている。こうした危機に際して彼らに考えられることは、二十八日の金曜日に起きたように、自分たちの金をスイス・フランや純金、米国債、石油先物などに動かすことだけではないのか。そう思わざるを得ない。

中東の「民主主義」

だが、国際的な銀行家たちだけを、近視眼的だと非難するわけにはいかない。米国政府自身もまた、カイロをはじめとするアラブ世界の暴動に、不意を突かれたのは明白だからである。過去一五年以上にわたってワシントンは、エジプトとその周辺諸国の平和と安定の重要性は、アフガニスタンはもとよりイラク情勢をもはるかに上回る、という事実を見失っていたように見える。

カイロは、世界の中核的諸国の首都の一つだが、カブールは違う。つまり、いまや一〇年間近くにわたり米軍は、東地中海や西太平洋などの重要地域を離れ、間違った方向に、ヒンズークシ山脈の雪山の中に押しこまれてきたのである。中東を重視した故アイゼンハワー大統領は、墓の中で目を丸くしているかもしれない。だが米国は、ますます大戦略を考えられなくなっている。それを知っている現在の観察者たちは、決して驚かないだろう。

大衆活動を弾圧したドイツ宰相ビスマルク流の考え方とはとうてい相容れない、「北」の理想主義者と人権活動家は、アラブ独裁政権の打倒と大衆民主主義の到来を喜ぶよう、我々に呼びかけるだろう。もっと冷静に事態を眺めるよう彼らを説得することは、ダボスの人々に、世界の未来はバラ色一色ではないことを納得させるのと同じくらい、厄介な作業である。

だが、もしアラブ世界の「民主主義」が、単に旧態依然たる「一人一票」を意味するのだとすれば、地中海世界と中東世界の問題は深刻である。そもそもこの「人」の中に、女性が含まれない場所もあるかもしれない。そして、イエメンやエジプト、チュニジアなどの場所の「普通の人」たちは、ロイターやCNNやBBCその他の、勇敢な記者たちの報道から判断する限り、心の底から反米主義で、どうしようもなく反ユダヤ主義である。エジプトの動向に関心を持つイスラエル政府が、過去数日にわたり、あらゆる賢明な措置を静かに採って来たことは、ほとんど驚くに当たらない。

よくあることだが、国際問題の専門家や銀行家やホワイトハウスなどよりも、政治漫画家の方が的を射ているようだ。たとえば、一月二十九日付の『シカゴ・トリビューン』紙の漫画では、米大使館の塀の外でデモ隊が気勢を上げている。館員が窓越しにそれを眺めて「わくわくするね。イスラム国の大衆蜂起が独裁者を追い出そうとしている。うまくいかないはずがない！」と言っている。よく見ると、門柱にはこう書いてある。「米大使館・イラン一九七九年」。

かつてのイラン革命では、不寛容なパーレビ王政から、やはり不寛容なイスラム聖職者の手に権力が移っただけだった。エジプトの暴動は、これと同じみじめな結果にはならないかもしれない。だが、北アフリカとアラビア半島が平和的に前進する可能性に大金を賭けるのは、やめた方がいい。実際、エジプト政府国債の市場価値は、先週、大きく滑り落ちた。世界の銀行家たちは、正しい行動をとったわけである。ただしそれは、現実の後追いにすぎなかった。いまダボスのベルベデーレ・ホテルに陣取っている、利に「超」敏い資金運用者たちは、中国農村部で続く不穏な動きが、何かもっと深刻なものに変わる可能性に対して、保険をかけているのだろうか。

世界は混乱と落とし穴だらけである。世界がどこに向かっているかを予測するのは、危険な作業である。しかしながら、全体として私はこう感じている。この惑星の大部分は、銀行と投資の世界の人々が考えているよりも、はるかに大きな摩擦を抱え、不協和音に満ち、内部崩壊に近づいている、と。

かくして、トーマス・マンの小説『魔の山』の登場人物のようにアルプスの療養所を訪ねるわけでもなく、あるいはダボス会議に行くわけでもないとしても、少なくとも、スイス・フランへの移行を考えることは、近ごろ、特に有意義なのではないだろうか。

二〇一一年一月発表

訳者あとがき

読み終えて気づくのだが、著者の「まえがき」には二つのキー・フレーズがあった。「少々エキセントリックなエッセイ集」という断り書きと、「人類は、偉大なことを行う才能を持っている」という言葉である。どこかさわやかな読後感が残るのは、人間に対するこの深い信頼感のなせるわざだろう。そして読者諸賢は、時として予想外の方向に話が飛び火したかと思うと、いつの間にか本論に戻って深く考えさせられる、その「少々エキセントリック」な語り口を存分に堪能されたに違いない。そこでせっかくだから、訳者としても少しばかり「ケネディ流」を真似して、「ヘイドリアンズ・ウォール」という、おそらく日本では聞きなれない言葉から話を始めたい。

これを訳すと、「ハドリアヌスの壁」となる。現在の英国の本体であるブリテン島。その、やや多めの南半分にあたるイングランド地方は、かつて古代ローマ帝国の北西の外れだった。

定説によれば、西暦一二二年、遠くここまで足を運んだ皇帝ハドリアヌスは、さらに北の現スコットランド地方に住む蛮族から、帝国の最前線を守ることを決意した。そして、ちょうどブリテン島の真ん中から少し上の、くびれた部分を東から西まで横断する、長さ一二〇キロメートルの壁を建設した。つまりこれは、「万里の長城」のローマ版なのである。

一九八〇年代の後半、ロンドン特派員だった私は、英外務省が主催した外国人記者向けの視察ツアーで、初めてこの壁を見た。人家が少ない、穏やかに起伏する緑の丘陵地帯をバスで走っていると、朽ちかけて連なる石積みの壁が、不意に現れた。この時、例の「火星からの訪問者」に、あれは何？　と聞かれたら、「たぶん、牧場の垣根だろう」と答えていたかもしれない。当時知らなかったことは他にもある。それは、その壁の東端に位置する、その名も「ウォールセンド」という町で、ポール少年が誕生したことである。

それから時が経ち、一九九七年秋の晴れた日に、私はニューヨークのホテルの一室で、二〇世紀を回顧する座談会の司会を務めていた。話し手は、日本から同行した気鋭の文化人類学者・青木保教授と、米国ジャーナリズムの重鎮・故デビッド・ハルバースタム、そして、いまや米コネチカット州イェール大学の名物教授となっていたポール・ケネディの三人だった。これは、知的な「戦争勃発」にもつながりそうな刺激的な組み合わせだった。だが、そんな心配をよそに、三人は「デビッド」「ポール」「タモツ」と呼び合い、文字通り「談論風発」、主催者側にとってはまさに「御馳走」の展開となった。そのくつろいだ雰囲気の中で、ケネディは自分の子供時代に言及し、「壁のそばに住んでいた」ことを明かしたのである。

その瞬間に私は、十余年前に自分も見た、あの「壁」を思い出した。それはまさに、イングランドの夏草に横たわる「兵《つわもの》どもが夢の跡」であった。そして、この古代ローマ遺跡を遠望しながら少年時代を過ごしたケネディが、やがて「諸大国の興隆と衰亡」の物語を世に送り出すことになる。これは、やはりケネディ流に言えば、歴史的な「偶然の一致」なのだろうか。それとも「必然」だったのだろうか。

実はケネディは、かのマーガレット・サッチャー政権が誕生し、緊縮財政の延長として大学運営にまで口を出したのを嫌って、一九八四年に英国を脱出したらしい。その「鉄の女」の足跡も、いま思えば夢のようである。あえて言えば、これも「歴史の必然」なのだろうか。

一方、これはまったくの偶然だが、その一九九七年から私は、世界の識者が寄せる「地球を読む」という新聞コラムの訳者を担当することになった。そこに、やがて筆者の一人としてケネディが加わり、その縁で、このエッセイ集にもかかわることになったわけである。

それでは、本当に訳者としての感想に移ろう。何よりもこのエッセイは、英国出身の知識人ならではのものである。同じ英語文化でも、生粋の米国人には、たぶん絶対に書けないものだ。世界の七つの海を支配した点で、英国と米国は似ている。だが、米国は大きな国である。孤立しても、飯を食うだけなら、特に困るわけではない。他方の英国は、欧州大陸の北西の縁に、海峡を隔ててくっついている小さな国である。ケネディも書いているように、その本国の規模とは不相応に大きい地球規模の帝国を維持するためには、とてつもなく大規模で組織的な情報収集と、それに関する客観的で冷静な分析が不可欠だったはずである。

もう一つ。「欧州は歴史の産物だが、米国は哲学の産物である」という、含蓄の深い言葉がある。いかにもケネディらしいが、実はサッチャー女史の名言である。互いに虫が好かなくても、英国の知識人の発想は良く似ている。かくして、米国と英国が、仮に同じ情報を収集したとしても、米国の分析には「哲学」的な、つまり何らかの「主義」的なプリズムがかかる。他方で英国は、過去の「経験」に照らして、最も妥当だと思われる結論を下す。経験の集積が歴史だとすれば、この古き良き伝統、いわば英国の知的検索のＤＮＡを見事に継承しているのが、ケネディという歴史家なのである。

ついでに言うと、トニー・ブレア前首相はこの伝統を踏み外した結果、イラクには大量破壊兵器があると思い込み、一国行動「主義」のブッシュ米政権とともに、無益な戦争に突入してしまったのかもしれない。そしてついでに、もう一つ。せっかく東南アジアにまで進出した日本人街を捨て、長い長い鎖国に入ってしまった日本の過去を、この英国に照らして考察すれば、現代日本の弱点、「情報不足の外交下手」は、残念ながら、我々の歴史的ＤＮＡ

に他ならないのかもしれない。

ところでケネディは、中高一貫式のカトリック学校に通い、「いかにして明晰な頭で考え、いかにして分かりやすい文章を書くかを、毎日教えられた」と書いている。だが正直に言うと、ケネディの原文には、少なくとも私のような日本人の読み手にとっては、ひどく分かりにくい個所がいくつも出てくる。そして、その大きな原因は、まさにケネディが「明晰な頭」で、しかも非常にリラックスして書いていること、それ自体にあるのではないか、という気がする。

もともとケネディは、「アングロ・サクソン」の英語文化の、それもかなりのインテリ向けに書いている。というよりも、主として英語で頭の中に蓄積された、古今東西の森羅万象に関する造詣を小出しにしながら、歴史空間を自在に行き来して筆を運んでいると、どうしてもそうなってしまうのだろう。おまけに頭の回転がとてつもなく速い。思い浮かぶイメージを速射砲のようにタイプして、文字に換えているのだろう。その結果、当人には悪気がなくても、「分かる人には分かる」、「知っている人は知っている」という部分が生じるのかもしれない。

ただし、そうした高難度の文章が、英語に基づく知識から発していることは、実は、昨今の翻訳者にとって幸運である。そう、インターネットがあるからだ。インターネットは知識の宝庫である。しかもその大半は、うれしいことに英語で書かれている。「あれ？　何のことだろう？」、「原典は何だろう？」、「経緯はこれで正しいのだろうか？」などと疑問を感じたら、すぐに「グーグル」で検索すればいい。すると、あれこれ検索語を変えたり、かなりの長文を読んで探したりしているうちに、時には何十分もかかることがあるものの、ほとんど必ず答えが画面に現れる。一昔前は、こうした基礎情報を探すこと自体、大仕事だった。日本にいては、結局分からないことも珍しくなかった。ところが今回、ネットが答えてくれなかった唯一の言葉は、「変てこオリンピック」の新種目「ヘイ・コックローラム」だけだった。まことに「グーグル」は、訳者の強い味方、現代文明の利器である。

そういえば「ハドリアヌスの壁」にも、当時の先端技術が使われていた。立派な石積みの遺構を見ることができる、古代ローマ文明の利器。それは、湧水を利用した「ウォーター・ラトリーン」、つまり水洗便所である。冬がどんなに寒くても、どんな地の果ての兵営でも、自分の文化にこだわり、それを押し通したローマ人。湧水は枯れてしまったが、もしいまもその水面が見えたら、現代の米国人のイメージが重なって浮かんでくるのかもしれない。

二〇一一年五月

山口瑞彦

本書は、トリビューン・メディア・サービスから配信されたエッセイを翻訳、編集したものです。

なお、次のものについては、『読売新聞』「地球を読む」掲載分をもとに、訳文およびタイトルの修正を行いました。


「傘の下に隠れているのは誰だ」

「四本足は良い、二本足は悪い——広い経済基盤の恩恵」

「いかにして国家は復権したのか」

「なぜ米国は強い人民元を望むのか」

「大使館、売り出し中」

「数字が物を言う時代」

「ウゴ・チャベスとアダム・スミス」

「ロシアの長期的見通しは暗い」

「大統領万歳！　……しかし大統領はどこにいる？」

「ノーベル委員会のおかしなメッセージ」

「偉大な指導者は歴史を作るのか、時流に乗っただけなのか」

ポール・ケネディ（Paul Kennedy）

1945年，イギリスに生まれる．ニューカッスル大学卒業，オックスフォード大学で博士号取得．現在，米イェール大学歴史学部教授．
著書『大国の興亡』上下（草思社）
『21世紀の難問に備えて』上下（草思社）
『人類の議会』上下（日本経済新聞社）
ほか

山口瑞彦（やまぐち・みずひこ）

1946年，長崎県に生まれる．70年に東京大学文学部西洋史学科卒業，読売新聞社入社．外報部，調査研究本部主任研究員など歴任．現在は翻訳家，ジャーナリスト．
訳書『北朝鮮―米国務省担当官の交渉秘録』（共訳，中央公論新社）
ほか

世界《せかい》の運命《うんめい》
中公新書 *2114*

2011年6月25日発行

著　者　P・ケネディ
発行者　小林敬和

本文印刷　暁印刷
カバー印刷　大熊整美堂
製　本　小泉製本

発行所　中央公論新社
〒104-8320
東京都中央区京橋 2-8-7
電話　販売 03-3563-1431
　　　編集 03-3563-3668
URL http://www.chuko.co.jp/

Translated by Mizuhiko YAMAGUCHI.
Published by CHUOKORON-SHINSHA, INC.
Printed in Japan　ISBN978-4-12-102114-4 C1231

政治・法律

108 国際政治 高坂正堯
1686 国際政治とは何か 中西　寛
1106 国際関係論 中嶋嶺雄
1899 国連の政治力学 北岡伸一
113 日本の外交 入江　昭
1000 新・日本の外交 入江　昭
1825 北方領土問題 岩下明裕
2068 ロシアの論理 武田善憲
1727 ODA(政府開発援助) 渡辺利夫 三浦有史
1767 アメリカ大統領の権力 砂田一郎
1751 拡大ヨーロッパの挑戦 羽場久浘子
1652 中国　第三の革命 朱　建栄
1846 膨張中国 読売新聞中国取材団
2106 メガチャイナ 読売新聞中国取材団
2114 世界の運命 ポール・ケネディ 山口瑞彦訳